福岡で始める

おとなの山歩《さんぽ》入門

体験活動協会
FEA理事長
谷　正之

海鳥社

はじめに

ただ単に山頂を目指すのではなく、景色や自然、史跡など自分なりの目的を持って、ゆっくり自分のペースで安全な山道を歩く。下山後には近くのお店や温泉に立ち寄ることも――。このように、年齢や経験にかかわらず、楽しく山を歩くことを「山《さん》歩《ぽ》」と呼んでいます。

山歩の心得は、まず「周りに迷惑をかけない」ことです。これは道に迷ったり、ケガをしたりすることを含みます。山歩きを楽しみに来ている人たちの手を煩わせてしまいますし、何より自分の身を危険にさらすことになります。山歩を楽しく安全に行うためには、やはり山歩きの基本的な知識・技術が必要です。

そこで、「中高年、初心者や一人歩きをする人が、標高差およそ６００ｍ未満の福岡県の山を、無雪期に、日帰りで安心して歩くことができる基礎知

識・技術」を一冊で修得できる本としてまとめてみました。

本書の構成としては、第1部で基本的な知識・技術を解説した後、第2部では実践編として山歩の一日の流れを紹介し、第3部は福岡県内の初心者にお勧めの練習コースを取り上げています。

私が主宰する体験活動協会FEAは毎年、大人の野外活動として「福岡低山歩き教室」、「おとなの山旅」などを開催しています。受講者の年代は50～80代が大半を占めています。ここ十数年間の2000回以上の指導現場および参加者の声という「事実に基づくデータ」が本書のベースになっています。

最後に、色々な方から協力を得て、一冊の本として仕上がったことに望外の喜びを感じています。出版にあたりご理解をいただいた海鳥社の杉本雅子社長、煩雑な編集作業を快くお引き受けくださった田島卓取締役には深く感謝を申し上げます。

体験活動協会FEA理事長　**谷　正之**

三日月山山頂

はじめに 2

第1部 山歩の基本
これだけ知っておけば大丈夫！

1 山の楽しみ方 …… 8
山歩と登山 8 ／ 色々な楽しみ方 8
山歩きと健康 10

2 福岡県の風土と山 …… 11
福岡県の地形 11 ／ 福岡県の気候 12
福岡県の山 15

3 地図を知ろう …… 17
地図の種類 17 ／ 地形図の使い方 19

4 山道と標識 …… 22
傾斜の表現と山道の名称 22
色々な標識 22

5 天気について …… 25
天気は生き物 25 ／ 天気の読み方 25
高気圧と低気圧 26 ／ 4つの前線 27
10種類の雲形 28 ／ 台風について 30
体感温度の5要素 31
覚えておくと役立つこと 32

6 山を選ぶ 初心者にお勧めの山24選 …… 33

7 計画を立てよう …… 42
山歩計画のポイント 42
いつ行くか 43 ／ 誰と行くか 45
情報を集める 46 ／ 交通手段 47
コースの選定 49 ／ 山岳保険のこと 52

8 山の服装と道具 …… 53

準備の前に 53 ／ 服装 54 ／ 装備 56

炊事用品（料理をする場合） 61

パッキング（リュックの詰め方） 62

9 山道の歩き方 …… 64

歩き方の基本 64 ／ 出発前の心構え 66

上り方 67 ／ 下り方 68

危険個所の通過 70 ／ 休憩のとり方 73

トイレのこと 74 ／ お勧めの体操 74

ストックの使い方 78

山歩き講習に参加してみよう 80

山歩きの豆知識 80

10 山のごはんと飲み物 …… 82

山歩のランチタイム 82 ／ 行動食 83

飲み物 84 ／ 料理を楽しむ 84

11 自然観察のススメ …… 86

観察力を高めよう 86 ／ 眺めてみる 87

声や音を聞く 88 ／ 匂いをかぐ 90

そのまま味わう 90

植物観察のポイント 91

野鳥と出会う 95

12 記録に残しておこう …… 97

どんなことを書くか 97

メモのとり方、整理の仕方 99

13 山の危険 …… 100

道迷い 100 ／ 転倒・滑落 100

落石 101 ／ 雷 102 ／ 熱中症 103

危険な動植物 103

⑭ もしもの時の応急手当て …… 107
ふくらはぎのけいれん 107
靴ずれとマメ 107 ／ 傷 107
三角巾の使い方 108
⑮ 山でのマナー …… 116
⑯ 次の山歩に備えて …… 118
動ける体づくり 118 ／ 技術を磨く 126
自分に合った体調管理を 127

第2部 山歩の一日

さあ、歩いてみよう

天拝山 筑紫野市 130

第3部 練習コース

ビギナーでも安心の8コース

① 立石山 糸島市 144
② 叶岳 福岡市西区 147
③ 岩屋山 太宰府市 150
④ 在自山 福津市 153
⑤ 城山 宗像市、遠賀郡岡垣町 156
⑥ 大平山 朝倉市 159
⑦ 白馬山 嘉麻市、田川市 162
⑧ 小文字山 北九州市小倉北区 165

第1部

山歩の基本

関門海峡方面の眺め（風師山〔北九州市門司区〕より）

これだけ知っておけば大丈夫！

山歩きに関する知識・技術には様々なものがありますが、本書では、筆者がこれまで56年にわたり山歩きをしてきた中で実際に役立ったことを厳選して解説しています。ただし、「これが正解」というものはそうそうありません。ご自分に合ったものを取り入れてみてください。

また、特に技術に関しては、日頃から慣れておかないと、いざという時に役に立ちません。ぜひ、繰り返し練習して身につけておきましょう。

＊用語については初心者にもわかりやすい表現にしたため、いわゆる登山用語とは異なるものがあります。

1 山の楽しみ方

山歩と登山

山歩きを指導していると、本格的な登山ではなく、安全で気楽な山歩きを楽しみたいという人が多くいます。また、初心者や中高年の方はよく「皆さんに迷惑をかけるのでは……」、「一緒について行けるか心配で……」とおっしゃいます。そのような方たちにお勧めしたいのが「山歩《さんぽ》」です。

まず「山歩」と「登山」の関係について押さえておきましょう。登山の目的は「山に登ること」、つまり山頂を目指すことです。これに対して山歩は、様々な目的を持って山歩きを満喫することです。そこでは、登頂することは1つの選択肢に過ぎません。つまり、山歩の中に登山も含まれるといえるでしょう。

山歩では、「頑張って歩く」ことより、自分なりの目的を持って「楽しく歩く」ことの方を大切にします。ただし、町なかではなく自然の中で行う活動なので、事故を起こさないための最低限の知識や技術は身につけておかないといけません。

色々な楽しみ方

山歩は、山頂を目指すこと以外にも、色々な楽しみ方が考えられます。

春を彩る花、さわやかな新緑、色鮮やかな紅葉に出会うと心が癒されます。また、樹木や野草、野鳥の名前がわかるようになると楽しみが増えます。思わぬ絶景ポイントを見つけて感動することもあります。

米ノ山展望台（篠栗町）からの展望

山腹の高原や草地の尾根道を歩くだけでも心地よいものです。また、山城跡などの史跡、渓流にある滝や奇岩を巡るのも立派な山歩です。歩く時間帯によっては、早朝のご来光、夕暮れ時の落陽を拝むこともできます。さらに運がよければ、虹や雲海などの自然が生み出す絶景に巡り合えることもあります。

感動的な景観を写真やスケッチ、記録として残すと、後で振り返ることができます。昼食の時間を長めにとり、山で料理を作って食べるのもいいでしょう。また、見ず知らずの人とあいさつを交わす、いきなり会話できるのも山歩きならでは。山歩きを終え、名店に立ち寄り食事をする、土産物を購入する、温泉で入浴する。これらも山歩の醍醐味です。

自分なりの目的、あるいは仲間と共通の目的を持って出かけると、時間が過ぎるのも早く感じ、ただ頑張って歩くより疲れを感じにくくなります。

上：新立山（宗像市）のふもとにある平山天満宮の大クス
下：新立山山頂での食事風景

山歩きと健康

山歩きの運動強度はそれほど高くありませんが、起伏のある道を長い時間歩くので、「行動体力」のうち「全身持久力」が向上します。過度に激しい運動は免疫力を低下させますが、山歩きならその心配もありません。野外で暑さ寒さを感じながらの適度な運動は免疫力を高め、「防衛体力」の向上も期待できます。

また、自然の中に身を置くことでリフレッシュでき、ストレス解消、「精神の安定化」が図れます。平地のウォーキングとは異なり、一歩ずつ安全な足場を瞬時に見つけながら歩くので、「脳の活性化」にもよい影響を与えてくれるでしょう。

帰宅後も、次回の山行きに向けて運動、食事、睡眠など「日常生活の改善」を心がけるようになれば、心身ともに健全な日々を送るための好循環が生まれます。

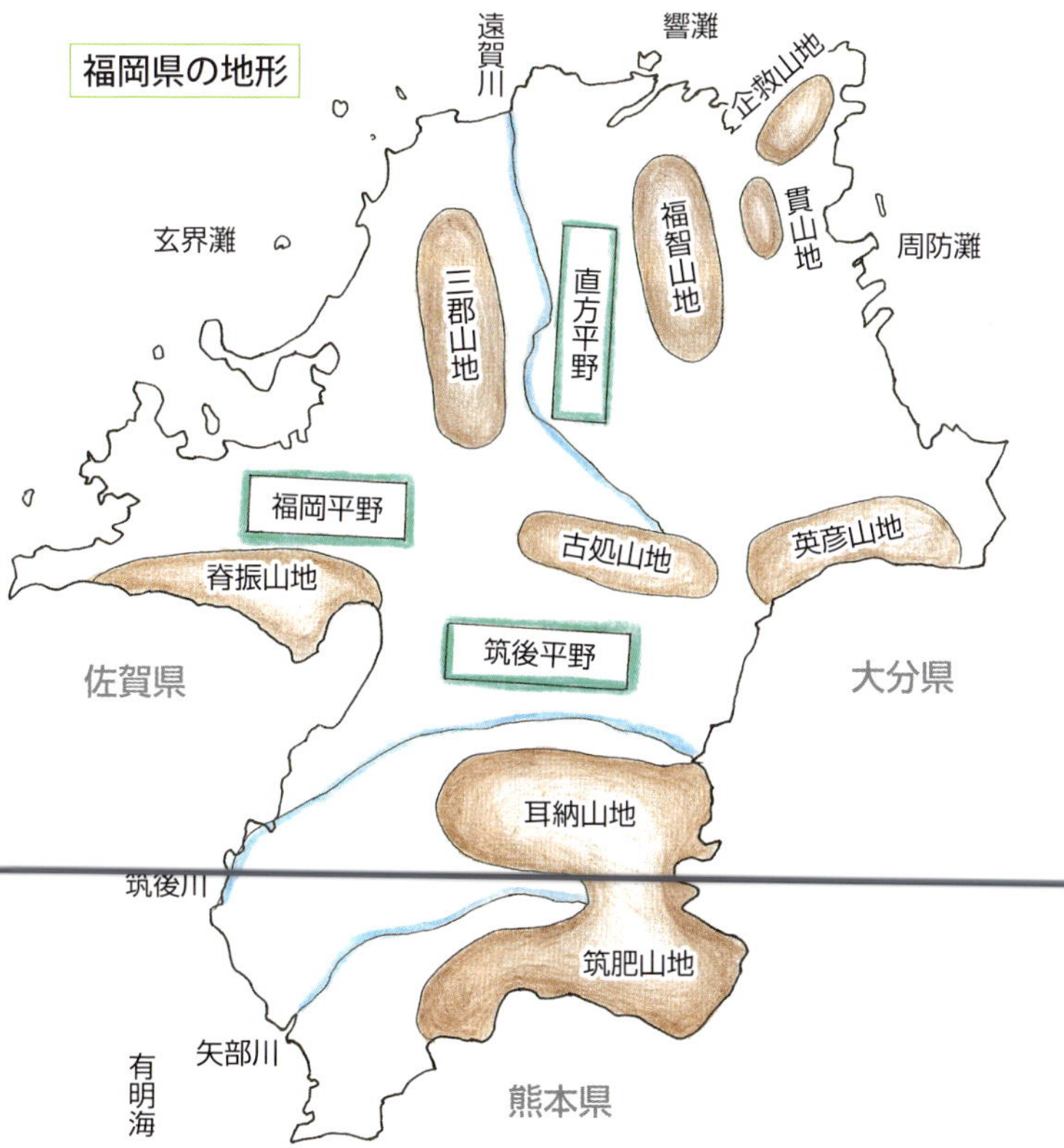

2 福岡県の風土と山

まずは今回のフィールドである福岡県の風土について学んでいきましょう。住んでいる人にとっては当たり前のことが多いかもしれませんが、山歩という視点から見ると、また新たな発見があるものです。

福岡県の地形

福岡県は有明海、玄界灘、響《ひびき》灘、周防《すおう》灘という海に囲まれ、佐賀県、大分県、熊本県の3県と接しています。水系は、馬見山《うまみやま》（嘉麻市）に源流がある遠賀川、阿蘇外輪山（熊本県）を源とする筑後川、三国山《みくにやま》（福岡・大分・熊本県の境界）に源を発する矢部川などがあります。河川の流域には直方平野、筑後平野や福岡平野などが広がっています。

県内を福岡、北九州、筑豊、筑後の4つに区分した場合、福岡地方には脊振《せふり》山地、三郡《さんぐん》山地、北九州地方には福智《ふくち》山地、筑豊地方に

三郡山地（井野山〔宇美町・大野城市〕より）

は古処《こしょ》山地（嘉穂《かほ》アルプス）、英彦《ひこ》山地、筑後地方には耳納《みのう》山地などの山地があります。なお、県土に占める森林面積は約45％です。

福岡県の気候

福岡県の四季

3月の気温はまだ低めですが、日によって寒暖の差があり、春の訪れを感じさせます。4月に入ると、ぽかぽかとした穏やかな暖かさとなります。秋と比べて好天は長く続かず、短い周期で天気が崩れることがあります。

5月はさわやかさを感じる季節です。5月も終わりに近づくと気温が上がり、早い年には梅雨に入ることもあります。梅雨になると梅雨前線が停滞し、豪雨に見舞われる年もあります。

7月中旬頃、梅雨が明けると気温がさらに上昇し、湿度も上がって熱中症の危険が高まります。7月下旬から8月中旬頃まで、好天をもたらす高気圧が日本の南に張り出すことが多いので、晴れの天気が続きます。ただし積乱雲が発生しやすくなるため、雷に注意する必要があります。

9月下旬頃から気温、湿度が下がり始めますが、近年は10月上旬でも夏のような暑さになることがあります。夏の終わりから秋の初めには秋雨前線が停滞しがちです。この前線に熱帯低気圧や台風が近づくと、前線の動きが活発になり大雨が降ることがあります。福岡県は南九州などと比較すると、台風が直撃することは少ないといえます。

長雨の後は高気圧が張り出し、秋晴れが続きます。春とは異なり、高気圧が東西に帯状に広がって好天が長く続き、快適に過ごせます。ただし朝と夕方は冷え込みます。

12月も中旬になると気温もだいぶ低下し、冬の気配を感じられるようになります。冬は山間部で雪が降ることはあるものの、沿岸部や平野部で降ることは少なく、全体的に見て降水量は少ない時期です。また大陸から乾いた風が吹くので湿度は低くなります。

一番気温が下がるのは1月下旬から2月上旬頃で、3月になると気温も上がり始め、新しい春を迎えます。

福岡県の気候の特色としては、年間を通して比較的温暖であることが挙げられます。なお、日の出、日の入りの時刻を東京と比べた場合、福岡の方がそれぞれ40分ほど遅いです。

以上が福岡県の気候の概要ですが、近年は集中豪雨や台風、猛暑や季節外れの夏日、大雪などが増えているので注意が必要です。

県内4地方の特色

県内を福岡地方（福岡西部地区、福岡中部地区、福岡東・南部地区）、北九州地方（北九州地区、京築地区）、筑豊地方（筑豊地

光雲（てるも）神社の背後に見える荒津山山頂（福岡市中央区）

区）、筑後地方（北筑後地区、南筑後地区）の4地方（8地区）に分けて、その特色を見てみましょう。

❶福岡地方

梅雨が明けると真夏日（30℃以上の日）が続き、近年は猛暑日（35℃以上の日）になることも増えてきました。冬は冬日（最低気温が0℃未満の日）になることは少ないものの、北西の季節風が吹くと実際の気温より低く感じます。沿岸部から離れていて標高が高い脊振山地などでは雪が積もりますし、三郡山地の難所《なんしょ》ケ《が》滝《たき》（宇美町）はつららのように凍ることで有名です。とはいえ福岡地方の冬は、4地方の中で一番温暖といえるでしょう。

❷北九州地方

夏と冬は福岡地方と似た傾向を示しますが、季節風はさらに強く、体感温度は低くなります。京築地区の周防灘沿岸では積雪することもありますが、県内では福岡地方に次いで温暖です。

❸筑豊地方

内陸部のため夏は暑く、冬は寒くなります。梅雨時は豪雨に見舞われることがあります。冬は冬日が多く、平地でもよく雪が振ります。英彦山地などの標高が高い所では積雪も見られます。4つの地方の中では一番冷え込みます。雪が降らなくても地面が濡れていて気温が下がると道路、特に峠や橋の上はよく凍結するので注意が必要です。

❹筑後地方

北筑後地区の内陸部は、筑豊地区の夏と冬の気候に似ています。耳納山地（津《つ》江《え》山地を含む）の標高が高い所では雪が積もることがあります。冬は筑豊地方の次に冷え込みます。一方、南筑後地区の有明海沿岸は、1年を通して温暖です。

脊振山地方面の展望
（岩屋山〔太宰府市〕より）

福岡県の山

県内にいくつ山があるか

そもそも、どれぐらいの高さを山と呼ぶのでしょうか。国や地域により基準が異なりますが、周りと比べて地面が盛り上がり、高くなっている所を山と呼ぶ点は共通しています。

例えば、福岡地方の荒津山《あらつやま》（48ｍ、福岡市中央区・西公園）、北九州地方の道伯山《どうはくさん》（62ｍ、八幡西区・黒崎城址）、筑豊地方の大将《たいしょう》陣山《じんやま》（１１２ｍ、飯塚市・大将陣公園）、筑後地方の甘木山《あまぎやま》（91ｍ、大牟田市・甘木公園）なども立派な山といえるでしょう。

福岡県の最高峰は、耳納山地（津江山地でもあるが広義の耳納山地に含まれる）の釈迦《しゃか》岳《だけ》（１２２９ｍ）です。標高１０００ｍ以上の山はこの他、標高が高い順に御前岳《ごぜんだけ》、英彦山、犬ケ岳《いぬがたけ》、脊振山、岳滅鬼山《がくめきさん》、カラ迫岳《さこだけ》など数えるほどです。標高６００ｍ以上の山もそれほど多くはなく、６００ｍ未満の低山が大半を占めています。

筆者自身は、野外活動の一環として山歩きの指導をしているため、ピークハント（山頂に行くことが目的の登山）で登頂した山の数を競うようなことはしていません。それでも、コースの調査および案内をした山は４００山を超えます。

山の数は、数え方でも違ってきます。例えば英彦山を1山とするか、南岳、北岳、中岳の3山に分けるかで異なります。また近年、自分で勝手に山の名前をつけて、山頂に表示しているものを見かけるようになりました。これも認めるかどうかで数が変わります。

というわけで、県内にいくつ山があるか正確に把握している人は誰もいないのです。それでは元も子もないので、おおまかな目安として申し上げると、明瞭な道がない山などを

上：平尾台にある大平山の草原（北九州市小倉南区）
下：御嶽（みたけ）山麓の砲台跡（宗像市・大島）

含め、1500山を優に超えるでしょう。

山の特徴

平尾台のカルスト台地と草原にある山々などを除き、県内のほとんどの山は森林の中を歩きます。そのため、暑い日差しを避けることができ、雨の時は濡れにくく、冬は寒風にさらされることなく歩くことができます。

福岡地方や北九州地方、南筑後地区の沿岸部の山は、冬でも心地よく歩くことができます。ただし、筑豊地方は冷え込むので低い山でも用心しましょう。山道だけでなく、道路が凍結してスリップすることがあるので、車の運転にも注意が必要です。

脊振山地の福岡県側は急崖で、英彦山地周辺にも険しく切り立った所があります。しかし、このような山は少なく、コースと季節にもよりますが、特殊な装備なしで歩くことのできる低山が多いのも福岡県の特徴です。

また、福岡県は地理的に大陸に近く、交通の要衝であったことから、古来より山内に城や砲台などが多く築かれました。今でも礎石や土塁、石垣や砲台の跡など歴史の痕跡を目にすることができます。

なお、福岡県においては高山病や雪崩の心配はありません。また、クマやハブなど獰猛な生物は今のところ確認されておらず、安心して山に入ることができます。

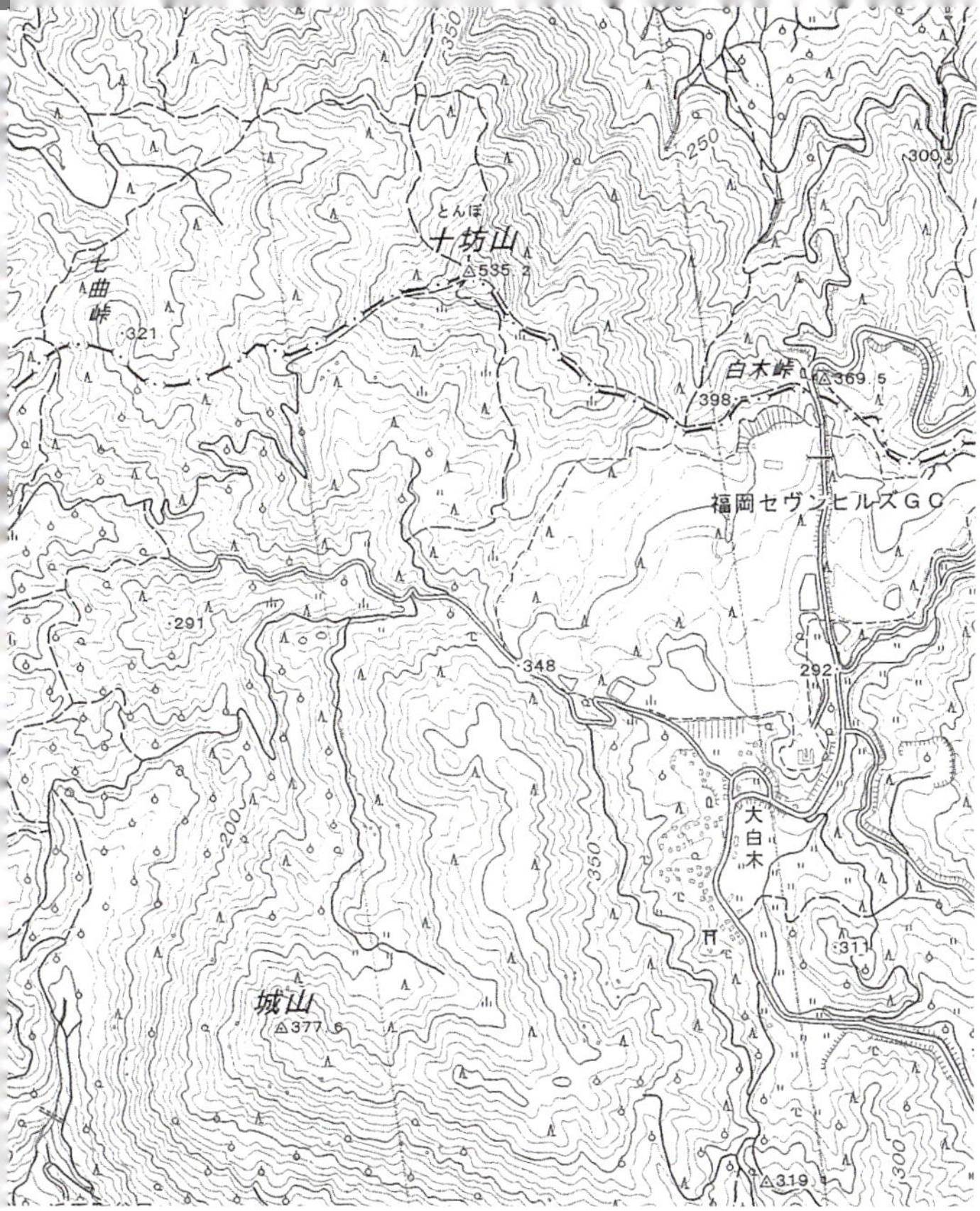

国土地理院発行の2万5000分の1地形図「浜崎」（部分）

3 地図を知ろう

地図の種類

地形図

国土地理院発行の地形図には、縮尺が5万分の1と2万5000分の1のものがあります。山歩きでは、細かい地形が読みとりやすい2万5000分の1地形図を用います。この地図を70枚ほどつなぎ合わせると、福岡県全域をカバーすることができます。

紙の地図の更新期間は長いため、新しい道が載っていなかったり、通れない道が残っていたりすることもあるので注意しましょう。なお、もともとは山歩きを目的として作られた図ではないため、ガイドブックにある山や、地元の人に親しまれている山名が載っていないことがあります。

地形図や地勢図は大型書店や登山用品店で購入できますが、品切れの場合もあるので事前に問い合わせましょう。また、日本地図センターのホームページからも購入できます。

地勢図

これも国土地理院発行です。縮尺は20万分の1で、3枚つなぐと福岡県全域を網羅できます。歩くためではなく、山頂や展望適地から見える遠方の山など、広範囲の景色を確認する際に役立ちます。

ガイドブック

山歩きのガイドブックにはコース図以外に山の特色、アクセス、コースの種類、歩行時間などが掲載されており、特に計画を立てる時に重宝します。山に行く際、必要な部分だけコピーして携行するのもよいでしょう。

登山用地図

山や高原を歩くための詳細な情報が掲載されているので初心者でも使いやすい地図です。ただし全国的に有名な山、人気があるコースのものしか発行されていません。

GPS地図

GPSとは、人工衛星（GPS衛星）が発する電波を受信し、現在地を特定するシステムのこと。スマートフォンなどに地図を保存しておき、GPS機能を用いて現在地を確認したり、歩いたルートを記録したりできます。

ただし、表示される現在地などが常に正しいとは限りません。また電池切れや故障などが起こると役に立ちません。地形図やガイドブックとの併用、または補助として用いることをお勧めします。

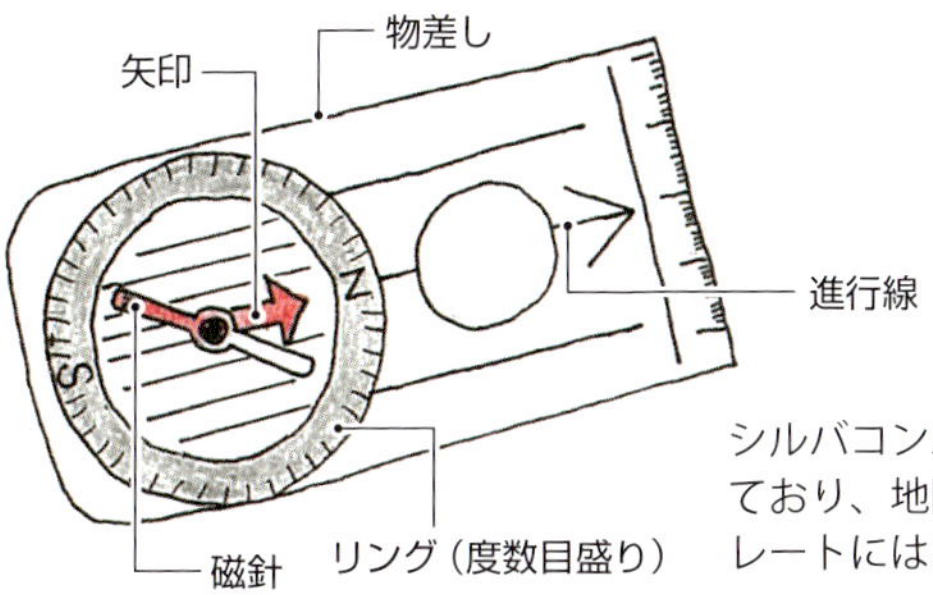

シルバコンパスは、コンパスと透明なプレートでできており、地図の上に置いて読図することができる。プレートには目盛りがあり、距離を測ることもできる

地形図の使い方

山歩きと読図

地図はただ見るのではなく、山の地形や道の状況を「自分で読みとる」、そして「予想して判断する」ことが大切です。地図を読むことを「読図《どくず》」といいます。

読図するためには、地形がわかる「地図」、方向を確認する「方位磁石（コンパス）」が必要です。それに加え「高度計」があれば、現在地がさらに明確となり、安全性が高まります。

地図は「2万5000分の1地形図」、方位磁石は「シルバコンパス」が適しています。ここでは地形図、シルバコンパスと高度計を用いた読図の基本と、山を歩く時の使い方を説明します。

本番当日、山を歩き始める前に、事前に地形図に引いた磁北線（後述）とシルバコンパスの磁針を合わせて地図を正しい方角に向けます。高度計で標高を確認し、現在地と進行方向を確かめます。磁針の赤色の方が北なので間違えないように。

確認する際は、金属製のものに触れたり、そばに鉄塔など磁気を帯びたものがあったりするとコンパスの方角が狂うので、離れた場所で使います。また、地面には置かず、地面と水平になるよう手に持って操作します。

目的地（山頂など）に向かう途中に分岐、交点、滝、池など特徴的なものがある時は、それらを目標物として利用しながら進みます。送電線と鉄塔、堰堤《えんてい》（砂防ダム）、広葉樹林、針葉樹林、竹林、土崖、岩崖、墓地など、山でよく見かける地図記号を事前に覚えておくと便利です。

歩くコースの等高線（後述）の緩急もあらかじめ読んでおくと心の準備ができます。2

■磁北線の引き方

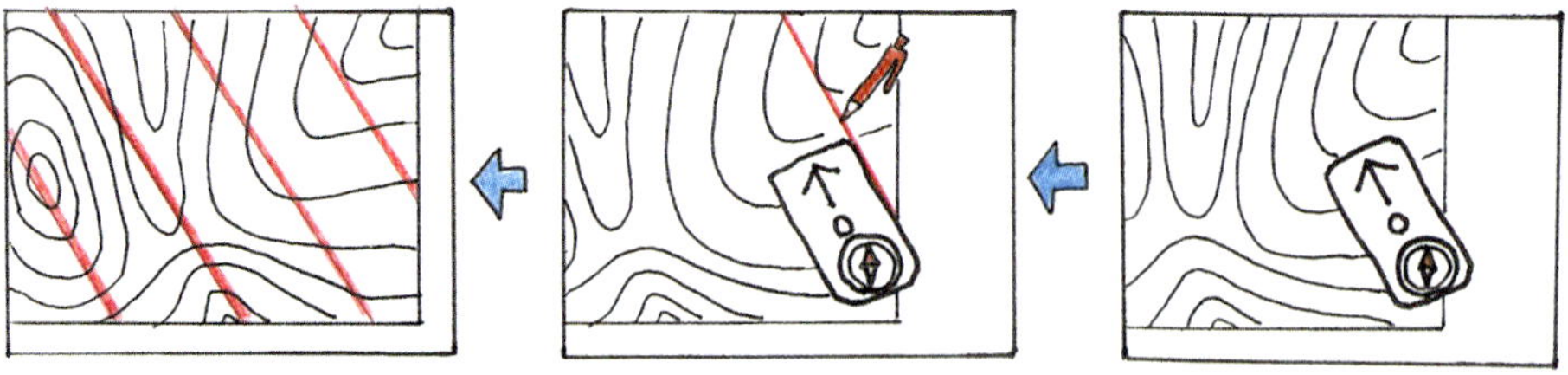

万5000分の1地形図の場合、地図上の1cmは250mです。これも覚えておくと距離を推定しやすくなります。

ちなみに有名な山より無名の低山の方が、手前に住宅街や大きな公園などがあり、登山口に向かう道がわかりにくい場合があります。歩き出してからも、時々立ち止まって現在地と行き先を確認しましょう。

磁北線の引き方（上図参照）

地形図の真北（天文測量で観測した真の北）と、磁北（コンパスが指す北）にはずれがあり、日本では磁北が少し西に傾いています。どのくらい傾いているかはそれぞれの地形図の隅に「西偏約何度」と書かれています。

西偏約6度の場合、シルバコンパスのリングを右に回し、354度の度数目盛りに合わせます。地形図の右下で真北（地図の上）とシルバコンパスの「矢印」の向きを合わせ、「物差し」に沿って、赤ボールペンで線を引きます。この時、磁針は無視して構いません。次に別の長い定規を使い、地図の上から下まで線を伸ばします。この線を基準とし、平行に4cm間隔で線を加えていきます（2万5000分の1地形図の4cmは、ちょうど1kmです）。地形図全体に磁北線を書き終えたら完成です。

等高線の見方（左図参照）

等高線とは同じ高さの点を結んだ線のこと。バームクーヘンの断面のように曲線が重なっています。2万5000分の1地形図の場合、等高線の細い線は10m、太い線は50mごとに引かれています。等高線の間隔が広い所は「傾斜がゆるい」、狭い所は「傾斜がきつい」ということです。また標高が高い方から低い方へ突き出ていれば「尾根」、低い方がくぼんでいれば「谷」です。

地形図の折りたたみ方（左図参照）

①地図の四隅を、余白との境の所で裏面へ折る。②四辺をさらに余白との境の所で裏面へ折る。③地図面が表にくるように横半分に折る。④さらに地図面を横半分に谷折りにする。この時、地図面の真ん中の山折りの部分が少し隠れるように折り、すれて破けないようにしておく。⑤地図の地域名がある方が表にくるように縦半分に折る。⑥大きさは8分の1になる。

通常はこのサイズですが、さらに縦半分に折るとウエストポーチなどにも入ります。地図を濡らさないためのケースもありますが、使い勝手がよくありません。地図の紙は丈夫なので、雨で濡れても乾かせば使えます。

■等高線の見方

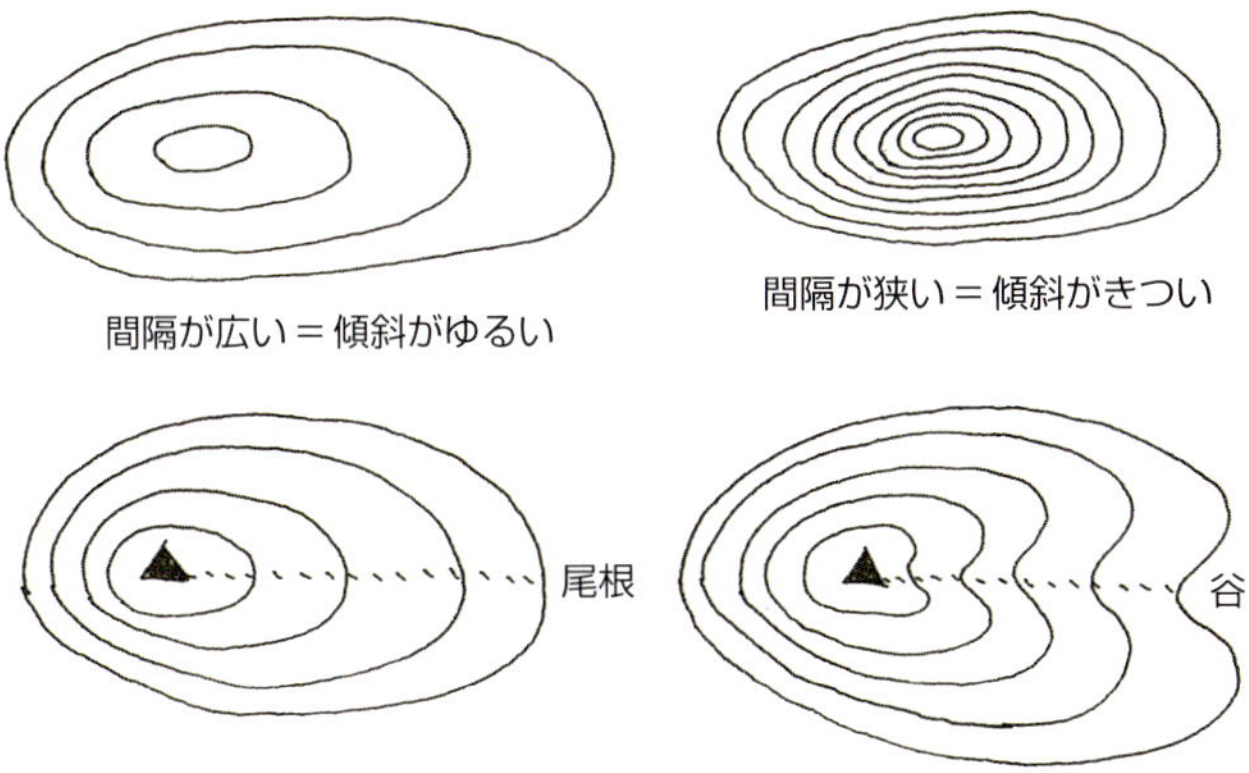

■地形図の折りたたみ方

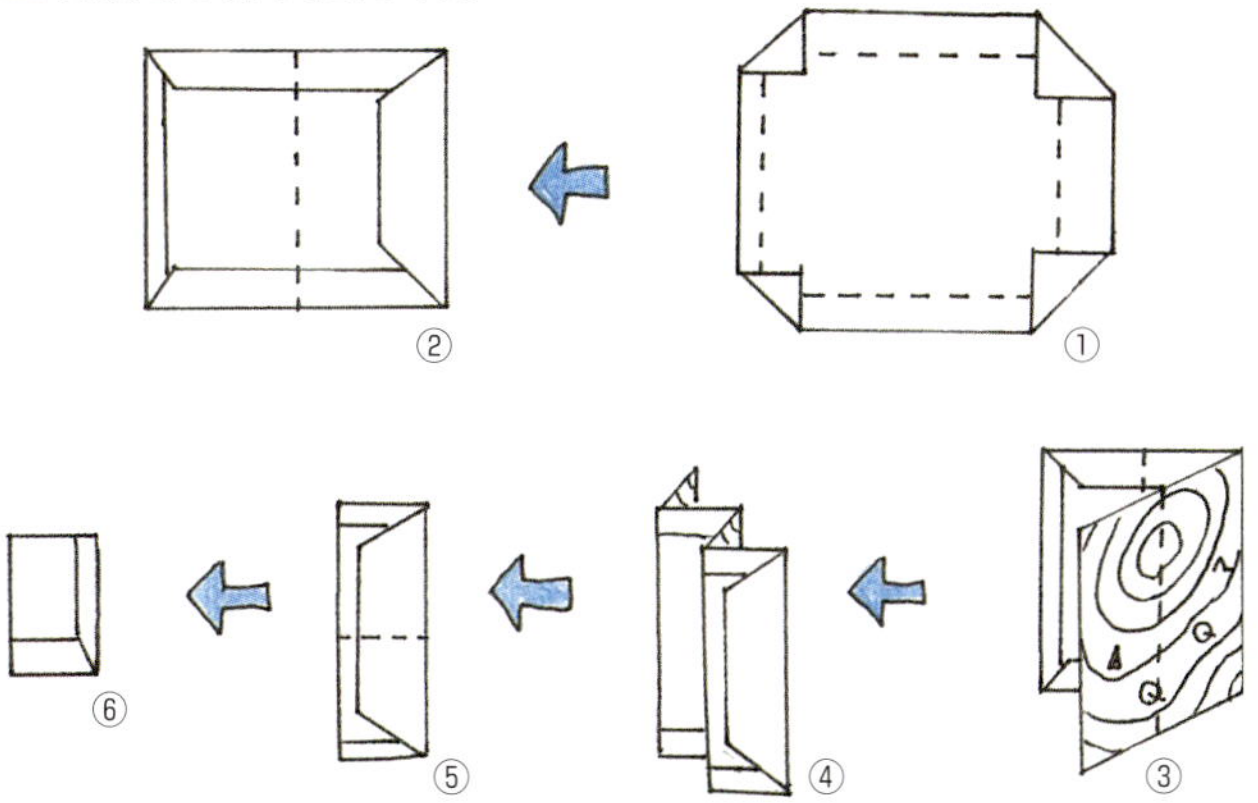

4 山道と標識

傾斜の表現と山道の名称

山道の傾斜角度を数値で示されても、ほとんどの人はピンとこないでしょう。本書では、傾斜を7段階に分けて表現しています。

まず第1段階は、傾斜がない平らな「平坦道」。第2段階は、傾斜を少し感じ始める「ゆるい坂」。第3段階は、靴がかかとからつけなくなる「坂」。第4段階は、速く歩こうとするとしんどくなる「ややきつい坂」。第5段階は、ガニ股にならないと上りにくい「きつい坂」と続きます。さらに傾斜が増し、第6段階は、樹木につかまりたくなる「急坂」。そして最後の第7段階は、手足を使い岩場などを登る「よじ登る坂」です。

次に、山を歩いていると出会う機会が多い特徴的な道を左上の図に記入しています（一般的な登山用語とは異なるものもあるのでご注意ください）。道の両側が低く、高い部分の道を「尾根道」。道の両側が高く、低い部分の道を「谷道」。道が分かれる所を「分岐」。道と道、または道と川が交わる所を「交点」。鋭く曲がる所を「曲がり」。等高線に沿うようななだらかな道を「巻き道」。それから、河川の上流から下流を見た時の右側を「右岸」、左側を「左岸」と呼びます。

色々な標識

登山口まで歩いていく場合、途中の道路で目にする案内標識は車のためのものが多く、歩くルートが別にあることがあります。ま

■特徴的な道の名称

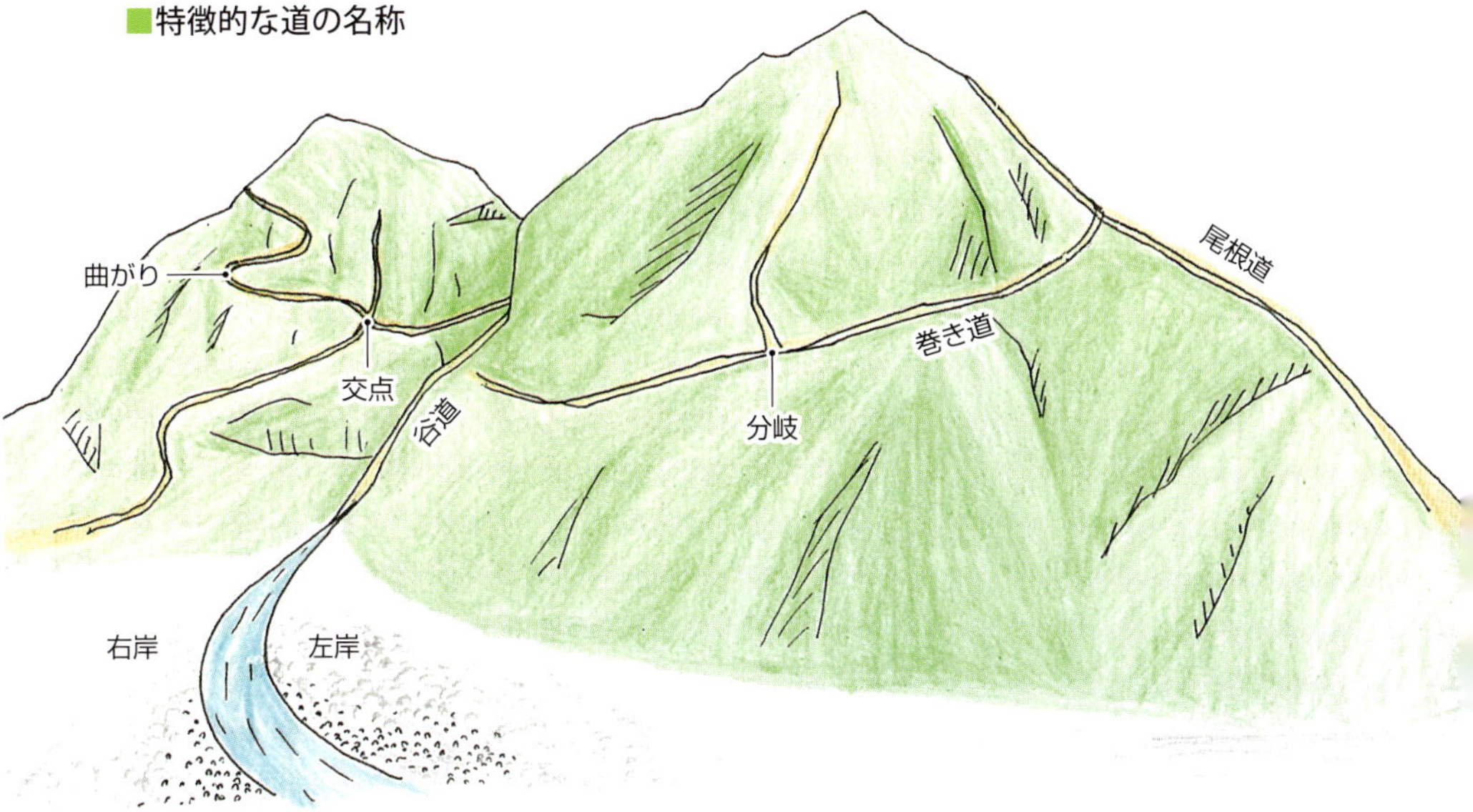

た、道路標識の表示内容が突然変わることもあるので注意しましょう。

登山口に着くと、近くに山の案内板が設置されていることがあります。ただし市区町村が作成した案内板は、自分たちの区域だけを紹介しているので、複数の区域にまたがる山の場合、別の区域の情報がほとんど掲載されていません。また、案内図も簡略化されたものが多く、地図の上が北とも限らないので注意が必要です。

山に入ると、様々な標識を目にします。行き先までの距離や歩行時間を示すものがありますが、その歩行時間はほとんどが短めなので、特に初心者は表示されている時間の1・5倍ほど見ておいた方が安心です。

手作りの標識は月日が経つと文字が消えたり、腐って壊れたりします。標識に頼りすぎるのではなく、道や周りの状況をよく見て、地図と照らし合わせながら判断しましょう。

コースを歩く時の目印

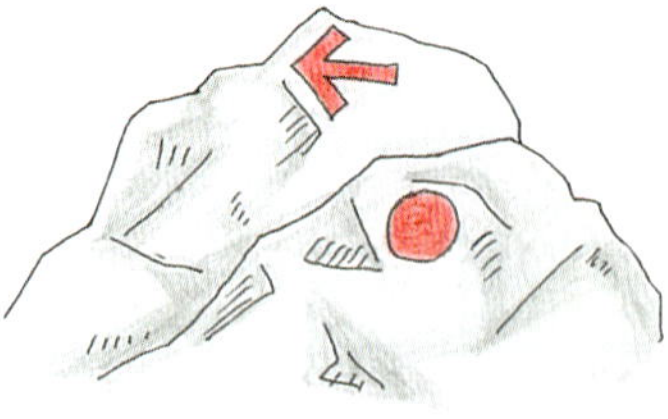

コース上でよく見かける目印として、木の枝などに巻きつけられている赤や黄色の「ビニールテープ」、岩などにペンキで印をつけた「マーキング」、石を積んで塔にした「ケルン」などがあります。なお、ピンク色のちぎれやすいテープは、林業作業用のものが多いので、うっかり間違えないよう気をつけましょう。

三角点（上部に＋印がある四角形の石柱）は山頂で見かけることが多いため、三角点＝山頂と思っている人も多いようです。しかし三角点は地図作成や各種測量の基準として設置されたもので、そこが山頂とは限りません。また、本当は頂上ではない場所に、個人が勝手に山頂標識を設置していることもあるので注意しましょう。

その他、以下のようなことも覚えておくとよいでしょう。

- 山の周辺に有名な史跡や施設がある場合、そこを巡るための標識はあるが、山歩きに関するものが見当たらない時がある。
- 山道で見かける市区町村の名称がある石柱は境界を示す。名称が書かれている面が、その市区町村の方を向いている。
- 山道の「通行禁止」は、人ではなく車が対象のことがある。
- 「落石注意」の表示物の上方には、必ず大岩など危険な岩がある。
- 山道に木や枝が横に並べて置かれている時は、この先には行かない方がいいことを知らせている場合が多い。

5 天気について

天気は生き物

「1週間後の夕食は何を食べますか」と尋ねられて、即答できる人はまずいないでしょう。天気もこれと同じで、よほど安定している場合を除き、先のことはわかりません。山へ行く数日前の天気予報と当日の天気が全く違うことも珍しくありません。まさしく天気は〝生き物〟です。

天気予報に頼りっきりになるのではなく、「自分で天気を読む」ことも大切です。五感と、時には第六感も働かせて、山に行くか行かないか、歩いている最中に雲行きが怪しくなってきた時にどう対処するかなど、「予想して判断する」ことが求められる場面が必ずあります。そのために基本的な知識を身につけておきましょう。

天気の読み方

自分が住んでいる所と、近隣の市区町村の天気が同じとは限りません。山の天気ならなおさらです。沿岸部は晴れていても、内陸の山地では雨や雪が降っていることもよくあります。天気予報の「所により……」は、山のことと思って差し支えないでしょう。

山の天気の特徴として、天気が崩れる時は早く、回復は遅い、風が強い、上昇気流が起こり雲ができやすい、霧（ガス）が発生しやすい、などが挙げられます。

日本の天気は偏西風の影響で、基本的に西から東へ変わっていきます。西の空、特に雲

■高気圧と低気圧

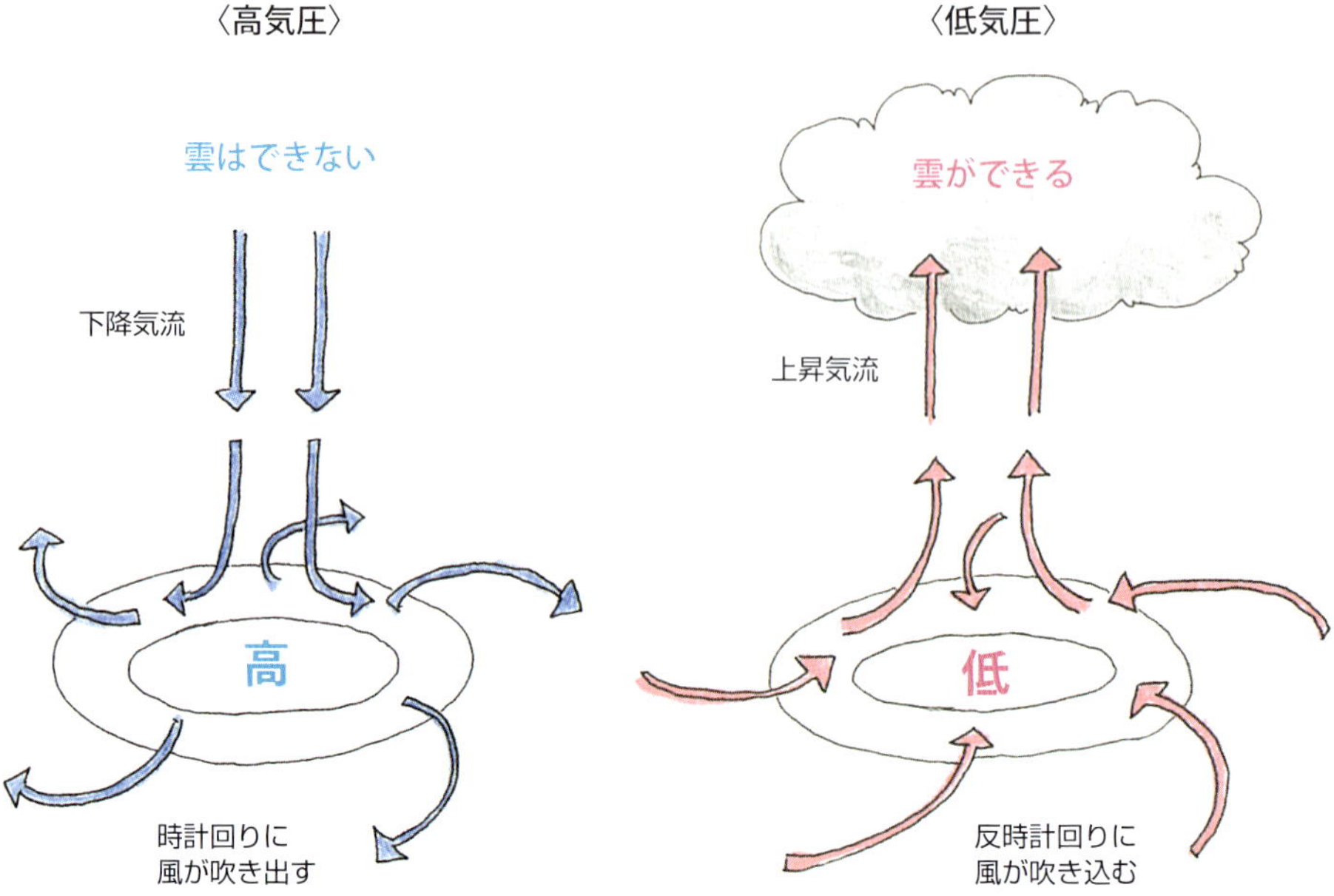

の形や高さ、明るさ、流れ方などに注意すると、その後の天気がある程度予想できます。このように様々な自然現象を観察して天気を予測することを「観天望気《かんてんぼうき》」といいます。

日頃から空を眺めて天気の変化を予測しておくと、この観天望気の能力を養うことができます。実際に山を歩いている時には、携帯電話などで天気予報を見るより、空を見上げて自分で天気を予想することの方が役立つことが多いものです。

高気圧と低気圧

「気圧」とは気体の圧力のことで、高気圧や低気圧などの位置関係を「気圧配置」といいます。

「高気圧」は、周囲より気圧が高く、閉じた等圧線（気圧が等しい地点を結んだ線）で囲まれています。北半球では、この高気圧の中心から時計回りに風が吹き出します。下降気流が起こるため雲がなくなり、天気がよくなります。

「低気圧」は、周囲より気圧が低く、これも閉じた等圧線に囲まれています。北半球では、風は中心に向かって反時計回りに吹き込みます。上昇気流が発生するため雲ができ、天気は崩れます。

高気圧と高気圧の間に挟まれた気圧が低い所を「気圧の谷」といいます。これは等圧線で囲まれていません。低気圧と同じように、天気が不安定となり悪化します。

4つの前線

性質の違う空気のかたまり（暖かい空気と冷たい空気など）の境目が地面と接しているラインを「前線」といいます。前線には4つの種類があります。

■4つの前線

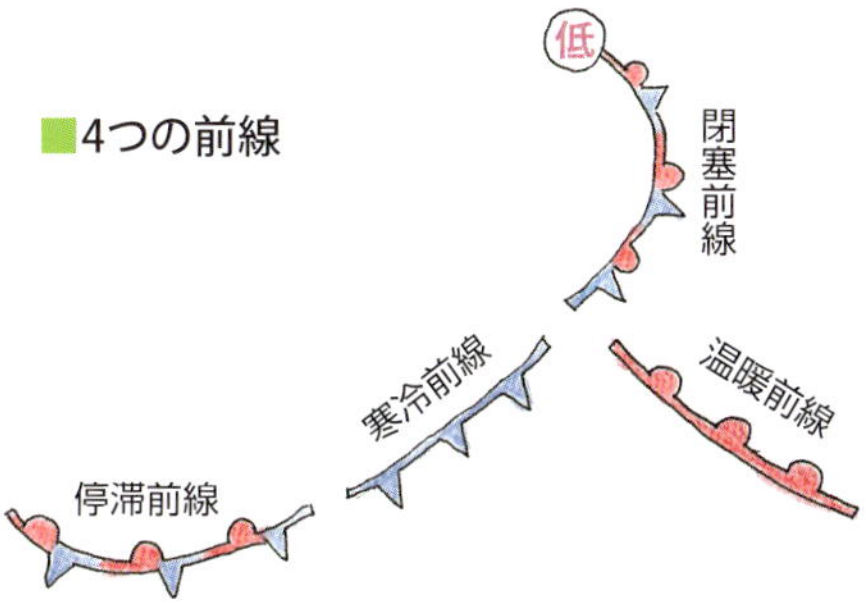

❶寒冷前線

寒気（冷たい空気のかたまり）の勢いが強く、暖気（暖かい空気のかたまり）の下にもぐり込む時にできます。普通は低気圧の中心から南西に延びます。この前線の付近だけ天気が悪くなり、狭い範囲でにわか雨になることが多いです。

❷温暖前線

暖気の勢いが強く、寒気の上に這い上がる時にできます。普通は低気圧の中心から東もしくは南東に延びます。寒冷前線と比べ移動速度が遅いのが特徴。雨が降る範囲は広く、シトシトと降り続きます。

❸閉塞前線

温暖前線が寒冷前線に追いつかれ、2つの前線が重なり合うようにしてできます。天気は両方の前線の特徴が入り混じったものとなります。この前線ができると、低気圧は次第に衰えます。

④停滞前線

ほとんど同じ勢いの寒気と暖気がぶつかり合った時にできます。よく耳にする梅雨前線、秋雨前線もこれで、東西に延びます。この前線付近では雨が長時間降り、曇り空が続きますが、少しでも北か南にずれると晴天に恵まれることがあります。

10種類の雲形

雲はその高さにより上層雲、中層雲、下層雲の3つに分類され、さらに細かく分けると10種類になります。

①上層雲（3種類）

「巻雲《けんうん》（すじ雲）」は、はけで描いたような白い雲で、最も高い所に現れます。真っ直ぐな線、または放射状に広がると雨の兆し。曲がっていたり、乱れていたりすると翌日は晴れることが多いです。

「巻積雲《けんせきうん》（いわし雲、うろこ雲）」は、薄く小さな雲が、魚のウロコのように連なった形をしています。これが高積雲に変わってくると、天気が崩れることがあります。

「巻層雲《けんそううん》（うす雲）」は、空全体にぼんやりと広がり、太陽が透けて見える薄い雲です。天気はすぐには崩れませんが、次第に悪くなることがあります。

②中層雲（3種類）

「高積雲《こうせきうん》（ひつじ雲）」は、小さな丸みのある白色や灰色（影の部分）の雲のかたまりが連なります。巻積雲と似ていますが、より低い所に発生します。高度を上げて影が薄くなると晴れます。巻積雲から高積雲の順に出現すると、天気が崩れる可能性が高まります。

「高層雲《こうそううん》（おぼろ雲）」は、巻層雲と似ていますが、より雲が厚く、空全体が灰色になり日差しをさえぎるため、地表に影ができません。雲がだんだん低くなり、風が強く吹き始めると、天気が崩れることが多いです。

「乱層雲《らんそううん》（雨雲、雪雲）」は、薄暗い灰色の雲で、いかにも雨が降りそうな気配を感じさせます。寒い時期には雪をもたらします。

❸下層雲（4種類）

「層雲《そううん》（きり雲）」は、灰色の霧のように見

■10種類の雲の高さ

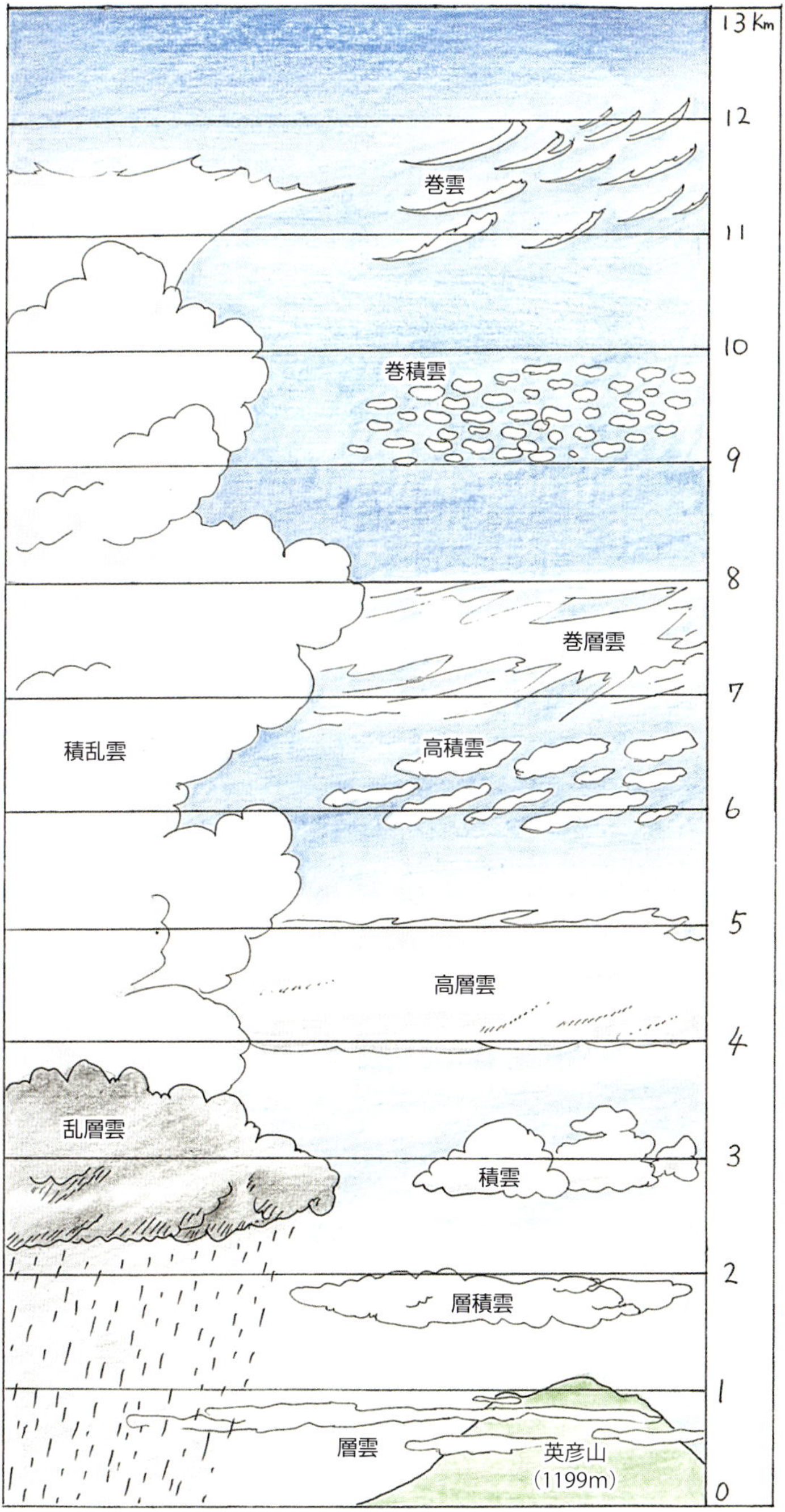

石峰山（北九州市若松区）
上空に浮かぶ層積雲

える雲で、地表に達すると「霧」と呼ばれます。晴れた夜に地表付近の空気が放射冷却で冷やされて発生することが多いです。徐々に消えていくと天気はよくなりますが、逆に雲の量が増えると天気が崩れることがあります。

「層積雲《そうせきうん》（くもり雲、うね雲、かさばり雲）」は、白色や灰色の細長いフランスパンのような雲のかたまりが連なります。雲の頭の部分が消えていく時、夕方近くにしぼむ時は天気が悪化することはありません。どことなく暗さを感じる時、雲のかたまり全体が発達する時は天気が崩れることがあります。

「積雲《せきうん》（わた雲、むくむく雲）」は、青空に浮かぶ白いふわふわとした雲のかたまりで、どの雲も底は平らで、ほとんど同じ高さにあります。夕方になり、雲が消えてゆく時は翌日も天気がよくなります。雲が発達し、上層にまで広がる雄大積雲《ゆうだいせきうん》（入道雲）になると、風雨が強くなることがあります。

「積乱雲《せきらんうん》（かみなり雲、入道雲）」は、雄大積雲の上部が巻雲の高さに達するとそれ以上上昇できなくなり、上部が横に広がり出すことで発生します。発達するのに時間はかからず、数十分でできあがります。雄大積雲との区別は難しいですが、雷を伴うのが積乱雲です。激しい稲光や雷鳴が起こり、大雨や落雷を発生させます。雷は朝方と夕方は少なく、風が弱く蒸し暑い午後に発生しやすいです。

台風について

北西太平洋または南シナ海で発生する熱帯低気圧のうち、最大風速が毎秒約17m以上に発達したものを台風といいます。日本付近では高気圧の周りを北上し、偏西風により速い速度で北東方面へ進むことが一般的です。

台風について考える際、福岡県の場合は特に高気圧の状況を見ておくことをお勧めします。高気圧が西に強く張り出すと台風を西に追いやります。高気圧の張り出しが弱まって東にずれると、台風が直撃することがあります。さらに東にずれると、台風は本州方面へそれていきます。

体感温度の5要素

熱中症も低体温症も命に関わります。気温の高低だけではなく、体感温度に注意しましょう。体感温度は、次の5つの要素で変わります。

❶気温

山の標高が100m上がるごとに、気温が0.6℃下がるといわれています。その下がり幅は、夏は小さめ、冬は大きめに見ておきましょう。そうすることで、いざという時に慌てずにすみます。

❷湿度

湿度が高いと汗が蒸発しにくいため暑く感じます。例えば同じ気温25℃でも、夏は湿気が多いため蒸し暑いですが、逆に秋は大陸から乾いた風が吹くことが多いためそれほど暑く感じません。

❸風

一般的に秒速1mの風が吹くと、体感温度は1℃下がるといわれています。つまり風を防ぐだけで体感温度は上がるわけです。

❹日差し

日向と日陰の温度差は10℃前後、時にはそれ以上になることもあります。当然ながら夏は木陰、冬は日が差す所が過ごしやすいです。

❺地表の温度

舗装道路の表面温度は日光に照らされると、気温よりもはるかに高くなります。それに比べ、土や草地の所はあまり温度は上昇しません。

覚えておくと役立つこと

・天気記号

20種類ほどありますが、晴れ、くもり、雨、雪、雷の5つを覚えておくと、記録をとる時にも便利です。

・風向

風向は、風がどちらから吹いてくるかをいいます。例えば、北から南に吹く風の風向は「北」です。16方位で表されますが、北、北東、東、南東、南、南西、西、北西の8方位を瞬時に頭に思い浮かべることができるとよいでしょう。

・降水確率

雨が降る確率のこと。降水確率50%とは、簡単にいうと雨が降るか降らないか、わからないということです。天気予報の降水確率零《れい》%は全く雨が降らないという意味ではなく、降る場合もあるので勘違いしないように。

・霧

空気中の水蒸気が凝結し、小さな水滴となって大気中に浮かぶ煙のようなものです。山歩きでは「ガス」と呼ばれることがあります。ちなみに視程（肉眼で目標を見分けることのできる最大距離）が1km未満を「霧」、1km以上を「靄《もや》」といいますが、現場では判別できません。

・谷風と山風

「谷風」は昼間、ふもとから山頂に向かって吹き上げる風のことで、「山風」は夜間、山頂からふもとに向かって吹き下ろす風のことです。

■風向（8方向）

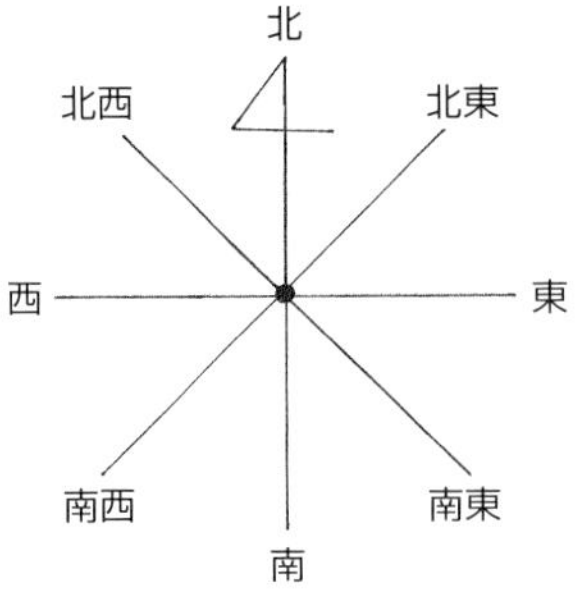

■天気記号

大和の大杉（若杉山の「大和の森」内）

6

山を選ぶ

初心者にお勧めの山24選

福岡県で有名な山の中には、気楽に歩くことのできない山もあります。ここでは、初心者、中高年や一人で歩いてみたい人に向けて、迷いにくく、歩きやすく、そしてある程度人が多くて安心な山を紹介します。

出発地と目的地（山頂など）との標高差は、100mから400mくらいまでが歩きやすいでしょう。また歩行時間と休憩時間の合計で4時間程度までが無理せず歩ける範囲です。なお、本書の歩行時間（休憩時間は含まず）は、筆者が中高年の初心者を何度も引率してきた中での実績値です。

次ページ以降、24カ所を挙げていますが、一部の山については第2部・3部でコースの詳細を紹介しています。それ以外の山を訪れる際は各種ガイドブックなどでコースをご確認ください。主に山頂に至るルートを紹介していますが、山歩は登頂することだけが目的ではありません。自分の興味や関心があることを重視して、山を選んでみましょう。

例えば、若杉山《わかすぎやま》―米《こめ》ノ山《やま》展望台のコースでは「大和の森」と呼ばれるスギの巨木群を観賞することができ、岳城山《たけじょうさん》のふもとにある皿山公園はツツジの名所です。英彦山《ひこさん》は、中岳山頂に上らず、中腹の九州自然歩道を歩き、鷹巣原《たかすばる》高原でススキ群落を観賞するという楽しみ方もあります。

また、ここでは取り上げていませんが、脊《せ》振山《ふりさん》（福岡市早良区）は山頂間近の駐車場まで車で上ることができるため、初心者でも標高が高い尾根道歩きを楽しむことができます。

ぜひ、自分に合った楽しみ方を見つけてください。

十坊山全景

十坊山

とんぼやま／標高535m

所在地　糸島市、佐賀県唐津市
お勧めコース　福吉駅から県道143号、吉井白山宮を経て中村登山口、山頂へ（往復コース）
現地までの交通　JR 筑肥線福吉駅で下車
出発地　福吉駅（山頂との標高差：530m）
歩行時間の目安　３時間40分

▲▲▲

山名は昔、山麓に僧坊が10カ所あったことに由来。山頂の巨岩からの眺望は格別だ。白木峠を通る周回コースもあるが、滑りやすい所があり、お勧めしない。トイレは福吉駅にある。駐車場は「まむしの湯」そばと福吉漁港近くの「福吉しおさい公園」にある。登山後、「まむしの湯」でひと風呂浴びることができる。

国見岩

二丈岳

にじょうだけ／標高711m

所在地　糸島市
お勧めコース　駐車スペース近くの登山口から山頂へ（往復コース）
現地までの交通　車で真名子木《まなごき》の香《か》ランド研修棟前（駐車スペース）に駐車
出発地　駐車スペース（山頂との標高差：290m）
歩行時間の目安　１時間30分

▲▲▲

山頂の国見岩からは360度の大展望。トイレは駐車スペースのそばにある。手前の加茂ゆらりんこ橋にもトイレと駐車場があり、ここから二丈渓谷経由で登山口まで約60分かけて歩くこともできる。JR 筑肥線筑前深江駅近くには「二丈温泉きららの湯」がある。

尾根道からの眺望

立石山

たていしやま／標高209m

所在地　糸島市
お勧めコース　144ページ参照（周回コース）
現地までの交通　JR 筑肥線筑前前原駅から糸島市コミュニティバスに乗り、芥屋バス停で下車
出発地　芥屋海水浴場駐車場（山頂との標高差：200m）
歩行時間の目安　１時間45分

▲▲▲

海岸から自然林に続く心地よいコース。途中、美しい海の景色を見下ろすことができる。トイレは芥屋海水浴場、大門公園にある。車の場合は芥屋バス停そばの芥屋海水浴場駐車場にとめる。日本三大玄武洞の「芥屋の大門」の展望所にも行ける。遊覧船で芥屋の大門の洞窟内も見学できるが、運休期間に注意を。

可也山全景

可也山

かやさん／標高365m

所在地　糸島市
お勧めコース　師吉公民館から標識に従い登山口、山頂へ（往復コース）
現地までの交通　JR筑肥線筑前前原駅から糸島市コミュニティバスに乗り、師吉公民館バス停で下車
出発地　師吉公民館バス停（山頂との標高差：340m）
歩行時間の目安　2時間30分

▲▲▲

「糸島富士」とも呼ばれる糸島市のシンボル。山頂の少し先にある可也山展望所からの眺望は素晴らしい。トイレは師吉公民館横にある。駐車場は師吉公民館バス停にあるが、台数は少ない。志摩中央公園に隣接する健康福祉センターの駐車場を利用するとよい。

飯盛山全景

飯盛山

いいもりやま／標高382m

所在地　福岡市西区
お勧めコース　田村三丁目バス停から飯盛神社へ向かい、中宮社手前の登山口から山頂へ（一部を除き往復コース）
現地までの交通　西鉄バス田村三丁目バス停で下車
出発地　田村三丁目バス停（山頂との標高差：360m）
歩行時間の目安　2時間55分

▲▲▲

山麓の飯盛神社は流鏑馬（やぶさめ）や粥占（かゆうら）などの神事が有名。また、途中の「やよいの風公園」（吉武高木遺跡）は国の史跡。トイレと駐車場は飯盛神社とやよいの風公園にある。飯盛神社南側の飯盛文殊堂では名水の「知恵の水」を汲むことができる。

p.147で紹介
稲荷大明神からの眺望

叶岳

かのうだけ／標高341m

所在地　福岡市西区
お勧めコース　147ページ参照（往復コース）
現地までの交通　車で国道202号から今宿野外活動センターへ向かい、叶嶽神社駐車場にとめる
出発地　駐車場そばの登山口（山頂との標高差：280m）
歩行時間の目安　2時間10分

▲▲▲

地元では「かのうがだけ」と呼ばれる。途中の稲荷大明神からの夜景、子連れなら今宿野外活動センター内の七寺川の川遊びもお勧め。トイレは登山口と山頂にある。バスの場合は、市営地下鉄空港線姪浜駅または JR 筑肥線今宿駅からバスに乗り、叶嶽宮前で下車。今宿駅から歩くなら登山口まで約45分。

油山

あぶらやま／標高597m

山頂

所在地　福岡市南区・城南区・早良区
お勧めコース　駐車場近くの管理事務所からもみじ谷を経て山頂へ。国見岩、中央展望台を経て管理事務所へ戻る（周回コース）
現地までの交通　車で油山市民の森駐車場に駐車
出発地　油山市民の森管理事務所（山頂との標高差：330m）
歩行時間の目安　２時間15分

▲▲▲

都心近くの自然豊かな山。市民の森は整備されているが、分かれ道が多いので注意。トイレは管理事務所などにある。西鉄バスならふもとの油山団地口または駄ヶ原バス停から歩く（山頂との標高差は570mとなる）。

立花山－三日月山

たちばなやま－みかづきやま
標高：立花山367m／三日月山272m

立花山の大クス

所在地　糟屋郡新宮町・久山町、福岡市東区
お勧めコース　下原バス停から立花山へ。立花山大クスに寄り、三日月山から香椎丘リハビリテーション病院方面に下って下原バス停へ（周回コース）
現地までの交通　西鉄下原バス停で下車
出発地　下原バス停（立花山山頂との標高差：330m）
歩行時間の目安　３時間

▲▲▲

立花山からは海の中道の全景を一望できる。一帯はクスノキの原始林で巨樹が多い。三日月山からのご来光も人気だが、その場合は三日月山だけに上るのが無難。トイレは下原バス停近くの下原公園にある。車の時は鷲尾大権現に向かう道との分岐付近に駐車する。

若杉山－米ノ山展望台

わかすぎやま－こめのやまてんぼうだい
標高：若杉山681m／米ノ山展望台580m

米ノ山展望台

所在地　糟屋郡篠栗町
お勧めコース　「大和の森」入口から山道に入り、若杉奥之院を経て若杉山へ。若杉観音堂経由で米ノ山展望台に行き駐車場へ戻る（周回コース）
現地までの交通　車で若杉楽園キャンプ場駐車場に駐車
出発地　キャンプ場駐車場（若杉山山頂との標高差：280m）
歩行時間の目安　２時間45分

▲▲▲

スギの大木が群生する「大和の森」と米ノ山展望台からの眺望が見所。若杉奥之院はいつも参拝者で賑わっている。トイレはキャンプ場、太祖宮、若杉観音堂にある。若杉山ふもとの「若杉の湯」で入浴できる。

井野山

いのやま／標高233m

所在地　糟屋郡宇美町、大野城市
お勧めコース　宇美駅から宇美八幡宮の表参道を西に向かい、井野公園を経て山頂へ（往復コース）
現地までの交通　JR 香椎線宇美駅で下車
出発地　宇美駅（山頂との標高差：200m）
歩行時間の目安　２時間10分

▲▲▲

標高は低いが、山頂からは三郡山地、脊振山地、玄界灘の島々など360度を見渡せ、県内屈指の眺望だ。誘導標識は整備されていないので注意。トイレと駐車場は宇美駅、宇美八幡宮、井野公園にある。安産信仰で有名な宇美八幡宮は樹齢2000年といわれる国指定天然記念物の大クスなど見所が多い。

岩屋山

いわややま／標高281m

所在地　太宰府市
お勧めコース　150ページ参照（往復コース）
現地までの交通　西鉄天神大牟田線都府楼前駅で下車
出発地　都府楼前駅（山頂との標高差：250m）
歩行時間の目安　２時間50分

▲▲▲

古代山城の大野城が築かれた四王寺山には４つの山があり、その１つが岩屋山。山頂付近には戦国時代の激戦地・岩屋城があった。余裕があれば、広い草地で展望抜群の焼米ヶ原にも寄ってみたい（歩行時間はプラス40分ほど）。トイレは大宰府政庁跡近辺、太宰府市民の森、焼米ヶ原にある。観世音寺や戒壇院も近く、コミュニティバスで太宰府天満宮に寄ることもできる。

岳城山

たけじょうさん／標高381m

所在地　糟屋郡須恵町・篠栗町
お勧めコース　須恵中央駅から歴史民俗資料館を経て岳城山展望台へ。下りは歴史民俗資料館から「ささやきの小径」経由で駅に戻る（一部を除き往復コース）
現地までの交通　JR 香椎線須恵中央駅で下車
出発地　須恵中央駅（山頂との標高差：350m）
歩行時間の目安　３時間20分

▲▲▲

山頂は展望が利かないので岳城山展望台から折り返す。ふもとの皿山公園はツツジの名所で、カエデの紅葉も美しい。難度は上がるが、岳城山から若杉山へ至るコースも人気。トイレは須恵中央駅、宝満神宮寺、皿山公園に数カ所ある。皿山公園には広い駐車場がある。

所在地　筑紫野市（周回コース）
お勧めコース　130ページ参照
現地までの交通　JR 鹿児島本線二日市駅で下車
出発地　二日市駅（山頂との標高差：220m）
歩行時間の目安　２時間45分

▲▲▲

菅原道真公ゆかりの天拝山は、足元がよく、すれ違う人も多いため安心して歩ける。眺望も優れ、ふもとの県指定天然記念物のイヌマキ群、武蔵寺の長者の藤、御自作天満宮の新緑・紅葉など見所が多い。トイレ、駐車場は二日市駅と天拝山歴史自然公園にある。帰りに二日市温泉に立ち寄れる。二日市駅の近くには西鉄天神大牟田線紫駅もあり、ここを出発地としてもよい。

展望台からの眺望

天拝山

てんぱいざん／標高257m

所在地　福津市
お勧めコース　153ページ参照（往復コース）
現地までの交通　JR 鹿児島本線福間駅から西鉄バスに乗り宮地嶽神社前で下車
出発地　宮地嶽神社前バス停（在自山山頂との標高差：240m）
歩行時間の目安　２時間

▲▲▲

宮地嶽神社がある宮地岳から尾根続きの在自山。途中の展望適地からは長大な海岸線を一望できる。トイレは宮地嶽神社前バス停、宮地嶽神社にある。宮地嶽神社では日本一の大注連縄・大太鼓・大鈴と寒緋桜が観賞でき、2月と10月は参道に「光の道」が現れる。

在自山全景

在自山

あらじやま／標高249m

所在地　宗像市、福津市
お勧めコース　東郷駅からこのみ公園の王丸登山口を経て山頂へ。吉原登山口へ下り駅に戻る（周回コース）
現地までの交通　JR 鹿児島本線東郷駅で下車
出発地　東郷駅（山頂との標高差：250m）
歩行時間の目安　２時間30分

▲▲▲

宗像氏の拠点・許斐城があり、戦国期には合戦の舞台となった許斐山。今は市民の憩いの山となっている。東郷駅にトイレ、このみ公園と吉原登山口にトイレ、駐車場がある。バスを利用してこのみ公園近くの王丸バス停から歩くこともできる。このみ公園近くには飲食店が多く、天然温泉「やまつばさ」もある。

山頂直下の広場

許斐山

このみやま／標高271m

城山全景

城山

じょうやま／標高369m

所在地　宗像市、遠賀郡岡垣町
お勧めコース　156ページ参照（往復コース）
現地までの交通　JR 鹿児島本線教育大前駅で下車
出発地　教育大前駅（山頂との標高差：340m）
歩行時間の目安　２時間20分

▲▲▲

宗像市と岡垣町の境にそびえる宗像四塚連峰の１つ。公共交通機関のアクセスがよく、珍しい植物や野鳥など自然も豊かで人気の山。バスの場合は西鉄バス赤間営業所のバス停から歩き始める。トイレは教育大前駅、西鉄バス赤間営業所のバス停、教育大側の登山口にある。教育大前駅の近くには唐津街道の赤間宿跡があるので気軽に立ち寄れる。

大平山全景

大平山（朝倉）

おおひらやま／標高315m

所在地　朝倉市
お勧めコース　159ページ参照（往復コース）
現地までの交通　JR 鹿児島本線二日市駅または西鉄天神大牟田線朝倉街道駅から西鉄バスに乗り、甘木営業所で下車
出発地　甘木営業所バス停（山頂との標高差：270m）
歩行時間の目安　２時間40分

▲▲▲

サクラの名所・甘木公園の裏手にある。山頂からは耳納連山や筑後平野の雄大な景観を一望できる。甘木公園にはトイレ・駐車場があるが、サクラの時期は満車になることもあるので注意を。西鉄甘木線甘木駅から歩くなら、甘木営業所バス停まで徒歩約20分。

関の山全景

関の山

せきのやま／標高359m

所在地　飯塚市、田川市
お勧めコース　関の山登山道駐車場から平野新道経由で山頂へ。下りは見晴台経由で駐車場に戻る（一部を除き往復コース）
現地までの交通　車で関の山登山道駐車場に駐車
出発地　登山道駐車場（山頂との標高差：300m）
歩行時間の目安　１時間35分

▲▲▲

山名は昔、大宰府官道の関所があったことに由来する。登山道は明瞭で、山頂からは筑豊地区の山々が一望できる。見晴台から北へ行き、金石山と大山まで足を延ばすのもお勧め（歩行時間はプラス1時間30分ほど）。登山道駐車場に仮設トイレがある。

白馬山

はくばさん／標高261m

p.162
で紹介

中腹の安国寺奥の院

所在地　嘉麻市、田川市
お勧めコース　162ページ参照（周回コース）
現地までの交通　JR 福北ゆたか線新飯塚駅から西鉄バスに乗り、下山田小学校で下車
出発地　下山田小学校バス停（山頂との標高差：230m）
歩行時間の目安　1時間55分

▲▲▲

南西斜面には原生林が残り、県指定天然記念物のバクチノキなどがある。山麓の梅林公園はウメの名所。トイレは途中の老人ホームの屋外、梅林公園にある。車の場合は安国寺駐車場にとめて周回する。梅林公園では花見シーズンだけ茶店が開く。

英彦山

ひこさん／標高1188m（中岳）

花見ヶ岩公園からの眺望

所在地　田川郡添田町、大分県中津市
お勧めコース　別所駐車場から英彦山神宮の奉幣殿を経由して中岳山頂へ（往復コース）
現地までの交通　車で別所駐車場に駐車
出発地　別所駐車場（中岳との標高差：530m）
歩行時間の目安　3時間50分

▲▲▲

英彦山は北岳・中岳・南岳の3峰からなるが、中岳が足を運びやすい。標高は1000mを超えるが、駐車場との標高差はその半分程度。中岳に上らず、山腹を周遊するだけでも楽しい。鷹巣原高原のススキは見事。トイレは別所駐車場、奉幣殿近く、山頂直下の広場にある。別所駐車場そばの花見ヶ岩公園も眺望がよい。

風師山

かざしやま／標高362m

風師山全景

所在地　北九州市門司区
お勧めコース　小森江駅から小森江子供のもり公園を経て山頂へ。北へ向かい風頭、清滝公園経由で門司港駅へ（周回コース）
現地までの交通　JR 鹿児島本線小森江駅で下車
出発地　小森江駅（風頭との標高差：350m）
歩行時間の目安　2時間45分

▲▲▲

山頂よりも風頭からの眺望が素晴らしく、関門海峡を一望できる。秋は途中の豊川稲荷神社のカエデの紅葉、春は清滝公園のサクラの花も美しい。トイレは風頭の近くと清滝公園にある。車なら小森江子供のもり公園にとめて、風師山、風頭を往復するとよい。

山頂からの眺望

小文字山

こもんじやま／標高366m

所在地　北九州市小倉北区
お勧めルート　165ページ参照（往復ルート）
現地までの交通　小倉駅バスセンターから西鉄バスに乗り、黒原一丁目で下車
出発地　黒原一丁目バス停（山頂との標高差：350m）
歩行時間の目安　２時間30分

▲▲▲

お盆の「小文字焼き」で知られる小文字山。山麓の足立公園は「森林浴の森日本100選」の１つ。緑豊かな山道は心地よく、山頂では360度の眺望を満喫できる。トイレは平和公園、妙見宮にある。メモリアルクロス側に下山する場合の歩行時間はプラス55分程度で、登山口付近にトイレがあり、五百羅漢にも立ち寄れる。

大平山全景

大平山（平尾台）

おおへらやま／標高587m

所在地　北九州市小倉南区
お勧めコース　吹上峠駐車場そばの登山口から山頂へ。中峠、茶ヶ床園地経由で駐車場に戻る（周回コース）
現地までの交通　車で吹上峠駐車場に駐車
出発地　吹上峠駐車場（山頂との標高差：210m）
歩行時間の目安　２時間５分

▲▲▲

カルスト台地で有名な平尾台にあり、一帯には露出した石灰岩群や雄大な草原が広がる。要所に誘導標識があり、歩きやすい。カルスト台地特有の草花を観察でき、千仏鍾乳洞などの鍾乳洞にも立ち寄れる。トイレは吹上峠、茶ヶ床園地にある。駐車場は茶ヶ床園地にもある。四方台や貫山まで足を延ばすこともできる。

山頂からの眺望

皿倉山

さらくらやま／標高622m

所在地　北九州市八幡東区
お勧めコース　ケーブルカー山麓駅近くの尾倉登山口から山頂へ（往復コース）
現地までの交通　福岡または小倉方面から西鉄高速バスに乗り高速皿倉山ケーブルで下車
出発地　尾倉登山口（山頂との標高差：490m）
歩行時間の目安　３時間

▲▲▲

一帯は帆柱自然公園で、山頂までケーブルカー・スロープカーがある。山頂からの眺望は見事で、夜景は「新日本三大夜景」の１つに認定されている。トイレは尾倉登山口、皿倉平にある。皿倉山ビジターセンターにもトイレがあり、食事休憩もとれる。

7 計画を立てよう

山歩計画のポイント

行きたい山が決まったら、次は簡単な予定表を作ってみましょう。押さえておきたいポイントは、「①いつ、②どこへ、③誰が（誰と）、④何をしに、⑤どんな日程で、⑥緊急連絡先は」です。

計画を立てる時は、あまり欲張りすぎないように。列車が遅れた、歩いている時にケガをした、突然雨が降り出したなど、予定外のことで時間を費やすことがよくあります。時間に余裕を持たせておくことで慌てずにすみ、事故の防止にもつながります。なお、初心者の日帰り山歩きでは「夕方前までに下山」できるように行程を組みましょう。

そして出かける前には、家族か知人に予定を伝えておくこと。特に単独行の場合、必ず行わなければなりません。作成した予定表のコピーを渡しておくと、なおよいでしょう。もしもの場合の重要な手掛かりとなります。

また、計画は大切ですが、状況に合わせて柔軟に変更することも必要です。例えば天候が不安定な時、近場の山なら当日の天気を見ながら出発時間を変えます。午後から天気が崩れそうな時は早めに、昼頃から天気が回復しそうな場合は遅めに出発します。また、明らかに悪天候が見込まれる時には日を改める、途中で天候が崩れそうな時には引き返す、などの決断が必要な場合もあります。家を出て、無事に帰宅するまでが野外活動の基本ということを忘れずに。

ここからは、計画を立てる際に検討すべ

フデリンドウの花

き点について少し詳しく解説します。

いつ行くか

天候がよい春・秋

今から山歩きを始めようと考えている人にとって、春と秋はとてもよい季節です。天候が穏やかで、花や紅葉などを観賞することができます。

ただし、山の周辺がサクラやカエデの名所の場合は、公共交通機関や駐車場が混み合います。特に土日・祝日に人が集中するので、平日に行くなどの配慮が必要です。

気温が高い夏

標高が上がるにつれ、気温は下がります。夏場はなるべく標高が高い山を選び、高い所から歩き始めるのが理想です。特に早朝から昼前の時間帯が歩きやすくお勧めです。ちなみに日の出の20分ぐらい前から辺りが明るくなり出すので足元も見えます。

歩行時間は気温にもよりますが、慣れないうちは2時間程度に留めた方がよいでしょう。

気温が低い冬

福岡県の場合、それほど冷え込まず、上り坂では汗ばむくらいに体が温まります。夏と

朝倉市・秋月城址の紅葉
(古処山麓)

比べ、ヘビや蚊などはいませんし、葉が落ちた木々の間から他の季節には見ることができない景色も楽しめ、快適な山歩きができます。

沿岸部の山や標高400ｍ未満の山であれば、雪が降っても積雪はそれほど多くありません。植林や常緑樹が多い山は、風をさえぎってくれるので寒さが和らぎます。ただし、日が昇る前や夕方以降は気温が低下し、凍結することがあるため、日が昇ってから歩き出し、必ず夕方前には歩き終えましょう。

梅雨・秋雨の時期

梅雨前線や秋雨前線が停滞する時期でも、毎日雨が降り続くわけではありません。前線が少しずれると晴れ間が現れ、心地よく歩くこともできます。数日前の天気予報が、当日あるいは直前にコロッと変わることも珍しくありません。一人で山に行くのであれば、天気予報はあくまで参考程度に留め、当日の天気と自分の都合で柔軟に計画を変えましょう。

夕日や朝日

山歩きにある程度慣れたら、夕日や朝日を山頂から眺めに行ってみましょう。

夕日が沈むのを拝みにいくなら、冷え込む心配がない初夏から初秋にかけてがお勧めです。帰りは暗くなるので、足元がよく、分岐や交点がなるべくない林道か尾根道を往復するコースがよいでしょう。谷道は滑って滑落する恐れがあるので避けること。往路では時々後ろを振り返り、道をよく覚えておくことが大切です。

夕日が落ちて20分ぐらいまでは明るいですが、あっという間に真っ暗になるので日没後はすぐに下山します。ヘッドライトとレインスーツは必需品です。また、当日は晴れていても、直前に雨が降って地面がぬかるんでいる恐れがある時は中止しましょう。

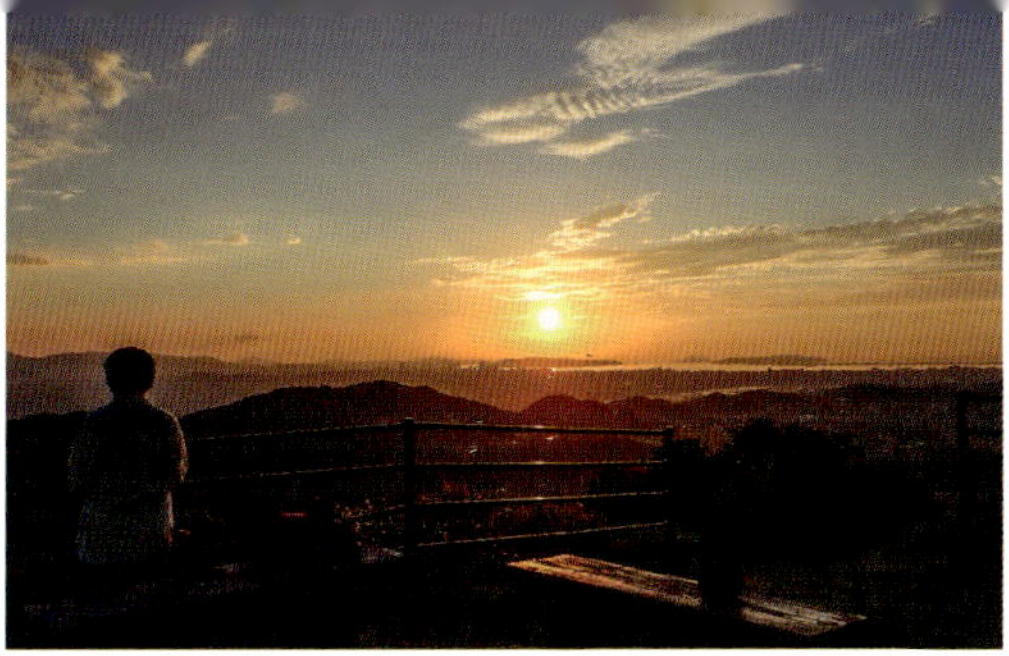

能古島に沈む夕日（井野山〔宇美町・太宰府市〕山頂より）

山の上から見る日の出をご来光といいます。特に正月元旦、有名な山は多くの人でごった返します。夕日とは逆に帰りは安全に下ることができますが、夜明け前に家を出て、暗い山道を歩かなければなりません。特に冬場は凍結の恐れがあるので、それに見合った準備を整えておきましょう。

誰と行くか

単独行の場合

単独行による山の事故は、特に中高年の人が多いです。一人で山を安全に歩くためには、本書で紹介しているような基礎的な知識・技術が欠かせません。それに加え、様々な状況に対応できる経験値があれば、なお確実です。まずは山歩きに慣れている人と行動を共にし、実際に役立つことを身につけた上で単独行を始めるのが理想的です。初心者を対象とした山歩き教室に参加し、そこで必要な技能を学ぶという方法もあります。

グループの場合

参加者の人数、男女比、年齢層、体力・経験の差およびその日の天気により、所要時間は大きく変わります。大人数の場合、歩く途中に岩場や鎖場《くさりば》などがあると、全員が通過するのに思った以上の時間を費やします。グループの人数は8人くらいまでだと行動がとりやすいでしょう。8人乗りの車なら、バスでは入れないような林道を通ることもできます。また、急な雨の時に小さな東屋で全員雨宿りできるなど、何かと融通が利きます。

中高年の場合

普段から体調に不安を感じている人は、事前に医療機関でメディカルチェック（医学的検査）を受けておくと安心して山を歩くこと

能古島（のこのしま）の山探検（福岡市西区）

ができます。高齢になるとどうしても、歩いている時の足の運びやとっさの判断、リュックサックの荷詰めや衣類の着脱、食事やトイレなどが手間取りがちになります。慌てることがないよう時間配分に気をつけましょう。

子どもと一緒の場合

周りにいる大人の責任でもあるのですが、山歩きはきつい、疲れるだけと思っている子どもが多いようです。経験上、「山歩き」と言うより、山で「探検しよう」、「生き物を探そう」と言った方が好奇心を持ってくれます。山頂からの展望や自然観察にはあまり関心を示さず、ドングリ拾い、昆虫やサワガニとりなどをすると喜びます。また浮石（グラグラと動く石）に乗って転んだり、分岐などで道を間違えて遭難につながったりする恐れもあるので、子どもには先頭を歩かせないようにします。幼児、小学校低学年の場合、食事に時間がかかる子もいるので時間配分に気をつけましょう。

幼少年期に体験した記憶は大人になっても残ります。山歩きは「きついもの」ではなく「楽しいもの」と体感させてあげることが、生涯学習という視点からも大切だと考えています。

情報を集める

事前の情報収集で参考になるのは、山歩きのガイドブックや雑誌、自治体発行のパンフレットなどです。山に詳しい知人がいれば、色々と聞いてみましょう。インターネットでも情報を集められますが、個人のブログやSNSなどは注意が必要です。危険なルートが、誰でも歩けるかのように紹介されていることもあります。参考にする時は複数の情報を見比べてからにしましょう。

チェックすべき情報として、交通手段（駐車場）、コース、トイレは必須です。コース上の自然や史跡、展望適地、休憩所、雨宿りできそうな東屋なども確認しておきましょう。歩き終えて立ち寄れる名店、温泉などもチェックしておくと、山歩がより充実したものになります。

また、情報はできるだけ最新のものを集めましょう。パンフレットに遊歩道と書かれていても、手入れされておらず、藪漕《やぶこ》ぎ（草木をかき分けながら歩くこと）を強いられる道もたまに見かけます。また、展望台として紹介されているものの、老朽化して立入禁止になっていたり、木が伸びて眺望できなくなっていたりすることもあります。さらに近年多発している地震や豪雨などの自然災害によりルートが変わる、あるいは消滅してしまうことも珍しくありません。

トイレにも注意が必要です。出発する駅やバス停、駐車場にトイレがないことはよくあります。トイレが登山口や山頂近くにあったとしても、たまたま改修工事中で使用できないこともあります。トイレは行ける時に済ませておくのが無難です。

出発地に案内板があれば、そこから情報を得ることもできます。また、山歩き中にどの道を進むべきか迷った時は、出会った人に教えてもらうのが一番です。携帯電話などで調べて四苦八苦するより早くて確実です。ついでに最新の情報を教えてもらえることもあります。

交通手段

公共交通機関を利用する場合

列車やバスは、通勤・通学ラッシュ、事故、悪天候などで遅れることがあるので、特にグループの時は早めの便で集合するように

立石山（糸島市）の出発地として便利な芥屋海水浴場駐車場。トイレもある

します。帰りの便が少ない場合は、早めに山歩きを終え、駅やバス停で待機しておきましょう。

また、平日と土日祝日で運行時刻が大きく違うことがあるので要注意。昼間の時間帯は人の移動が少ないため、便が極端に少ないことも珍しくありません。また交通系ICカードが使えない区間もあるので注意しましょう。

バスの場合、同じ名前のバス停が何カ所もあったり、バス停の位置が変わったりすることがあります。特に近年は、路線バスが急に減便、廃線になることもあるので、山に行く直前に再確認しましょう。また、市区町村のコミュニティバスの場合、定員が少ない、両替機がない、急に運休になる、ということがあるので注意が必要です。

JRの場合、駅の出入口が複数あることが多いので、特にグループで集合する時には「改札口前」とすると間違えにくいです。ただし、ある程度大きい駅は改札口も1カ所ではない場合があるので気をつけましょう。例えば博多駅なら改札口前ではなく、「筑紫口側の出入口付近」などとする方が確実です。

なお、JR筑肥線の糸島方面の列車は海沿いを走るため、風が強いとすぐに列車が止まります。

車を利用する場合

駐車場があったとしても、いつも満車状態、数台しかとめられない、施設が定休日で使用不可といった場合があるので、駐車できるか事前に確認しましょう。

登山口に向かう道路が水害などで崩壊したままになっている、あるいは急な落石や倒木で通れなくなっていることもあります。最新情報を確認すると同時に、念のため別のルートを調べておくと安心です。また冬場は山の積雪だけではなく、山に向かう道路の凍結状況にも注意が必要です。

コースの選定

コースの種類

同じ山に登るにも、様々なコースを設定できます。代表的なものは以下の通りです。

❶往復型

出発地から目的地（山頂など）に行き、同じ道を引き返します。最もオーソドックスなコースです。上りと下りでは下りの方が早そうですが、下るのに時間がかかる場合もあります。歩行時間は上りと下りで同じに設定しておくと、心に余裕が生まれます。

❷周回型

出発地から目的地に行き、同じ道を通らず周回して戻ってきます。逆回りをすると景色が変わるため、分岐や交点で迷いやすくなったり、滑りやすい道を下ったりする場合があります。

❸縦走型

出発地から山を縦断または横断して違う場所にゴールします。車だと車を取りに戻らないといけないので、公共交通機関を利用するのが一般的です。

❹分割縦走型

いっぺんに歩くのではなく、何日かに分けて長い距離を縦走します。次に歩き始める山道が安全かどうか確認した上でコースを決めます。

❺交差縦走型

車2台を利用した歩き方です。両方からスタートして山頂または山道ですれ違う時にお互いの車の鍵を交換し、歩き終えてから合流します。無事に鍵を交換できるよう綿密な計画が求められます。

❻放射型

出発地からいくつかの目的地（山頂など）

■コースの種類

交差縦走型

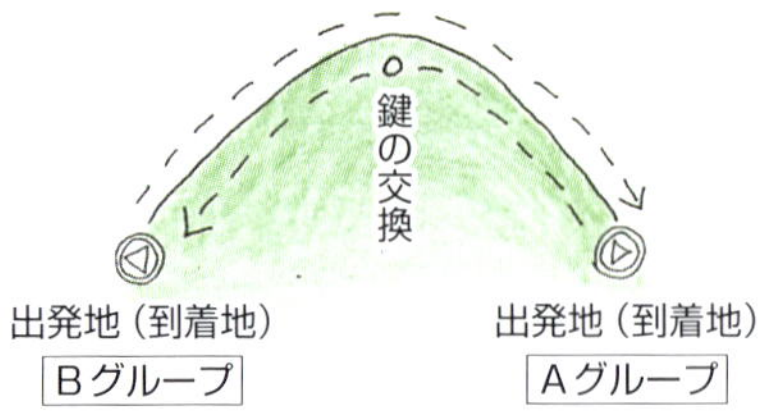

放射型

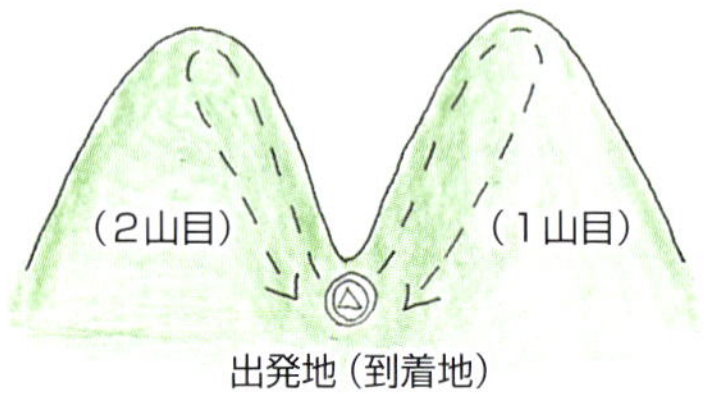

集中型

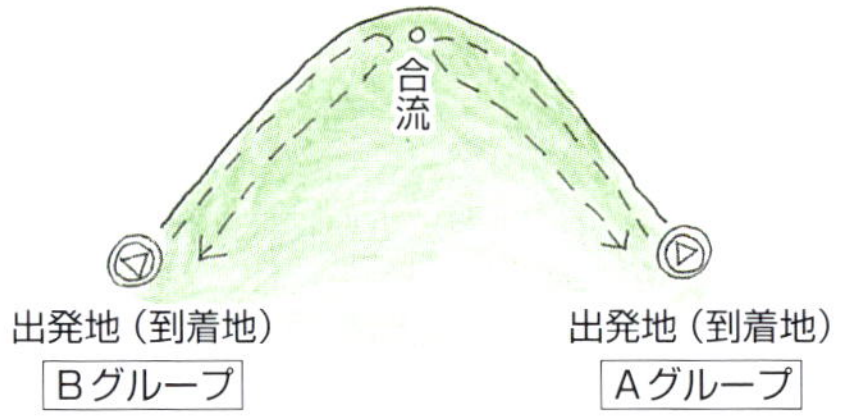

往復型

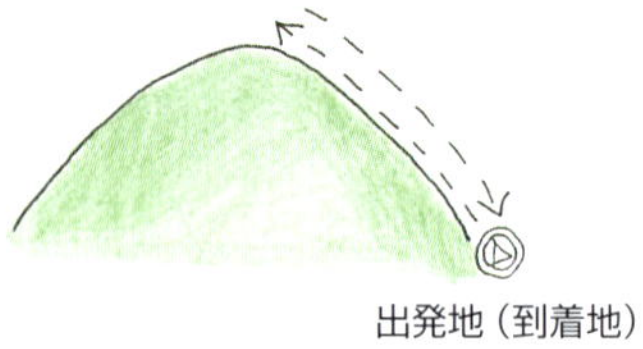

周回型

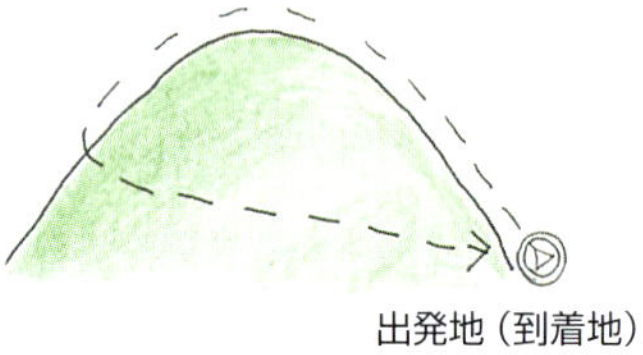

縦走型

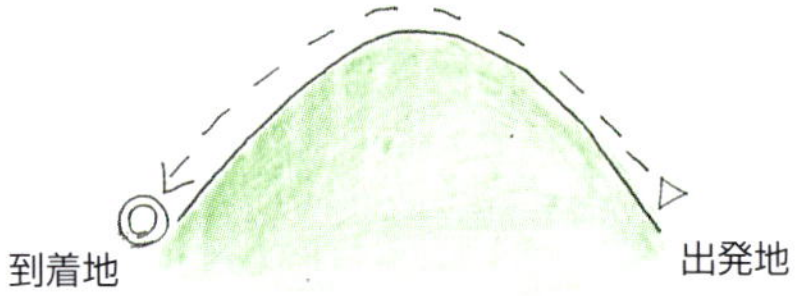

分割縦走型

目配山（筑前町）の山頂

井原山（糸島市）の尾根道

を往復します。日帰りの場合は時間的、体力的に無理が生じないかよく検討する必要があります。

❼集中型

グループが異なる出発地から同じ目的地（山頂など）を目指す歩き方です。全員が目的地で合流できるよう、所要時間をよく計算しておく必要があります。

コースの選び方

同じ山でも、どの道を歩くかによって、出会うことのできる展望、岩、滝、渓流、動植物などが変わります。

初心者の場合、岩場などのよじ登る坂、鎖やロープに頼らないと通過できない山道があるコースはなるべく避けましょう。また、石が多く滑りやすい谷道より、尾根道や整備された道の方が危険度は低くなります。

特に下りでは、急坂を避けた方が無難です。山歩きの後半は踏ん張る力も弱くなってくるため、傾斜がゆるく、林道など足元がいい道を選んでおくと安心です。

2つの山を縦走する場合、どちらかというと標高が高い山から低い山へ向かう方が歩きやすいものです。

草原状の山道は、辺りを見回しながら歩けるので快適ですが、急に雨が降り出すと身を隠す所がないため注意が必要です。

冬は北西方面から冷たい風が吹くことが多いので、北西の風をさえぎるような道を選んでおくと寒さが和らぎます。

事故者の発生、天気の急変、道の崩壊などの緊急の場合に備え、いくつかの「エスケープルート（逃げ道）」を考えておきたいものです。もしエスケープルートがない、または使えない時は、なるべく早い段階で来た道を引き返しましょう。

古処山（朝倉市・嘉麻市）のツゲ原始林と石灰岩の山道

歩行時間の計算

一般的に１時間で上ることのできる標高差は２５０ｍから３００ｍといわれていますが、個人差があります。中高年や初心者向けのガイドブックに掲載されている歩行時間を参考にするとよいでしょう。それ以外の一般的なガイドブックなどの歩行時間を参考にする場合、中高年や初心者はその１・５倍程度の時間を見ておくと安心です。なお、歩行時間が同じで距離が短い場合はきつい坂、逆に長い場合は平坦道やゆるい坂が多いことを意味します。

ちなみに地図の曲線距離を測る時は、綿の糸ではなく、ナイロン製の釣り糸などを用いた方が伸びないので誤差が小さくなります。

山岳保険のこと

遭難者が出た時に、警察や消防などの公的機関が救助を行った場合、費用は請求されません。ただし、遭難者が公的機関か民間かを選ぶことはできません。万が一遭難して民間の捜索隊、救助隊のお世話になれば、大きな費用がかかります。また、自分が起こした過失（落石など）で他者に損害を与えた場合も、多額の損害賠償責任を負いかねません。

このような場合に備えるのが山岳保険です。自分がケガを負った場合は一般的な保険でも補えるため、まずは現在加入している保険の補償範囲と重複していないかを確認した上で、自分に合った山岳保険に加入するとよいでしょう。

山を歩く回数が少なければ、１日単位で加入できるものがあります。逆に回数が多い場合は、年会費を払い加入する保険の方が割安です。

8

山の服装と道具

準備の前に

山歩きの専門店で用具を揃える時は、まずお店の人に、どんな山を歩きたいのか、訪れる季節はいつかを伝え、それに適したものを購入しましょう。たまに見栄を張って高価な製品を購入したものの、結局使いこなせず無駄にしてしまう人もいるのでご注意を。

山歩きをする上では特に「靴」、「リュック」、「レインスーツ」の3品が重要です。しっかりしたつくりで、自分に合ったものを揃えましょう。

もし扱い方がわからないものがあれば、その場でお店の人に教えてもらうこと。また、同じ品物が別のお店やインターネット上で安く売られていることがあります。買い急ぎせず、比較して購入することで出費が抑えられます。

ここからは、日帰りで、一人で山を歩く時の服装や装備について説明していきます。末尾に「山歩の服装・装備一覧」を掲げていますが、中でも特に説明が必要なものを以下に取り上げます。

なお、あくまで日帰りの山歩きが対象なので、テントや寝袋、本格的な雪山登山などで使用するアイゼンやピッケル、岩登りで使うザイル（ロープ）などは省いています。また、用具の呼び名については、登山用語よりも、一般の人や子どもにもなじみのある名称を用いています。

長ズボン

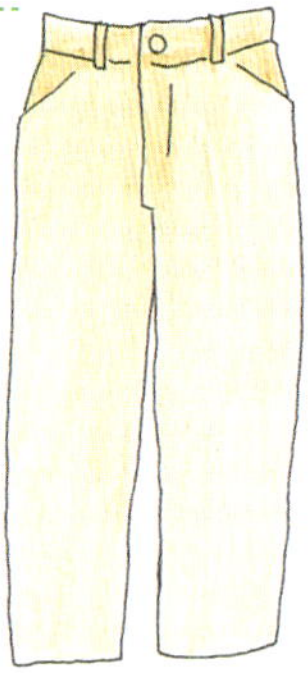

＊動きやすい素材を
ジーパンは NG

長袖シャツ

＊襟付き、前開きのもの

帽子

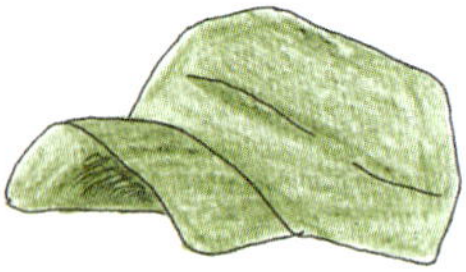

＊ツバのあるものがお勧め

T シャツ

＊吸汗速乾性に優れたもの

軽登山靴

＊購入前に必ず試し履きを

靴下

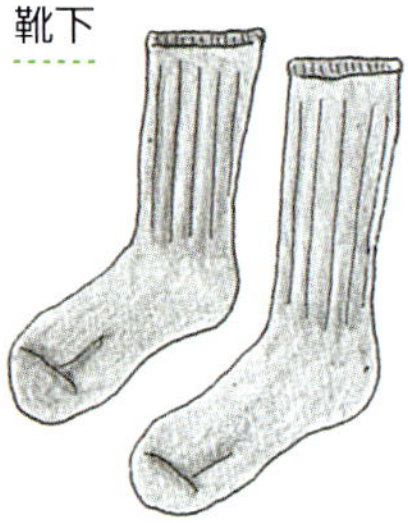

＊厚手のもの。綿は NG

服装

❶帽子

日よけとしてだけではなく、虫よけ、木の枝や落ちてきた石から頭を守る意味もあります。万が一風雨にさらされる状況になった場合に、レインスーツのフードが揺れても前方が見えやすく、メガネのレンズも濡れにくい点などからキャップタイプ（野球帽のようにツバがあるもの）がお勧めです。

❷長袖シャツ

長袖で襟付きのシャツは、害を及ぼす虫や植物から肌を守ることができます。また前開きのものは体温調節がしやすく、胸ポケットがあると何かと便利です。素材は化繊やウールが適しています。山歩き用に限らず、日頃着用しているもので問題ありません。暑い時は袖をまくり、山から離れた所ではTシャツ

■山の服装は重ね着が基本

気候の変化、体感温度の変化に応じてこまめに調節しよう

だけになっても構いません。

寒暖の調節は重ね着が基本です。目安としては、気温が5℃上下すれば、服を1枚増減して調節します。寒い時期にはシャツの上にウインドブレーカーやフリースなどを羽織ってもよいでしょう。

③長ズボン（ロングパンツ）

足の動きを妨げないように伸縮性があり、通気性・吸湿性に優れた素材が適しています。ナイロン製のトレーニングウェア、アクリル製のルーズパンツなどもよいでしょう。寒い時期には保温性があるタイツを下に履きます。なお、ジーパン（ジーンズ）は濡れると乾きづらく、足が動かしにくいので山歩きには向いていません。

④下着類

Tシャツは吸汗速乾性に優れた素材のものを選びましょう。綿のものは乾きにくく、体を冷やしてしまうので不向きです。寒い時期は下着の上に、首や手首のしまったタートルネック、タイツなどを着用して保温性を高めましょう。

⑤靴下

足のくるぶしより15㎝ぐらい上にくる長さで、少し厚みがあるものがお勧め。素材はウールや化繊の混紡がよいでしょう。綿の靴下は乾きにくいため湿った状態になり、靴ずれやマメができやすくなってしまいます。

⑥靴（運動靴・軽登山靴）

天気がよい日で、悪路がない山道なら、運動靴の方が快適に歩くことができます。その場合も、靴底に溝があり、滑りにくいものを選びましょう。あまり整備されていない山道

装備

行動用品

❶リュック（リュックサック）

ザック、バックパックともいいます。日帰りで使用するので、サイズは20ℓ～35ℓぐらいの小型のものでよいでしょう。購入する前に必ず背負い心地を確認すること。ポケットの有無は自分の用途に合わせて選びましょう。小型のリュックではウエストベルト、チェストベルト（胸元でとめるベルト）は使わなくても問題ありません。もし大型リュックで重い荷物を運ぶことがあれば、ウエストベルトで腰に「7割」、ショルダーベルトで肩に「3割」の割合で荷重を分散すると負担が軽減できます。

❷ザックカバー

雨でリュックが濡れないようにかぶせるカ

の場合は、軽登山靴（ハイキングシューズ、トレッキングシューズ）の方が安全に歩くことができます。防水性が高く、くるぶしまで包み込むハイカットやミドルカットタイプがお勧め。雨の時にも足が濡れにくく、足首の捻挫《ねんざ》を防いでくれます。

選ぶ時は、厚手の靴下を履いてから靴を合わせましょう。長さはかかとに手の人差し指が入る程度で、幅と甲の高さも自分の足に合っているか確認します。店内に備え付けの階段や坂を歩いて履き心地を確かめます。昔購入したものを久しぶりに使用する場合は、劣化により突然、靴底がはがれることがあるので注意しましょう。

❼サポートタイツ

履くだけで膝の負担を軽減してくれるタイツで、膝に不安がある人は取り入れています。

レインスーツ

＊裾が開閉できるタイプは着脱が楽

リュック

＊購入前に必ず背負ってみること

ザックカバー

手袋

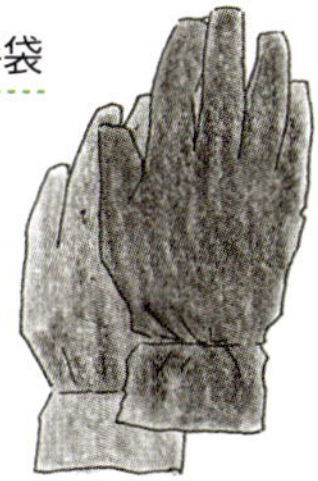

バーのことで、レインカバーともいいます。もしすでに使っているリュックがあれば、それを専門店に持っていき、サイズ合わせするのが確実です。このザックカバーを付けていても、リュックの中が濡れることがあります。濡れたら困る財布や下着などは、必ずビニール袋に小分けして収納しましょう。

③レインスーツ

レインウェアともいいます。頭からかぶるポンチョもありますが、足が濡れるので、上下に分かれたスーツタイプを選びましょう。レインスーツのズボンは、靴を履いたまま着脱できるものもあります。また寒い時や強風の時には防寒・防風着として代用することもできます。

レインスーツは必需品ですが、降水確率が低い時には持っていかないという人もいます。そんな時でも、軽くて安価な使い切りのビニール製のものでもよいので、リュックに忍ばせておきましょう。いざという時に役立ちます。

④折りたたみ傘

片手がふさがり、風に弱いという欠点があるため使える場面は限られますが、レインスーツと比べて蒸れることがなく快適で、夏は日傘としても使えます。

⑤手袋

指が5本に分かれたタイプのものを選びましょう。軍手でもよいですが、鎖場や岩場では手に合ったサイズで、滑り止め加工されたものでないと滑ることがあります。冬場など指がかじかむ時期は防寒性の高いものを準備しましょう。

⑥ストック（ステッキ）

ストックは片手のみ1本、両手で2本のどちらでも構いません。グリップ（握る部分）はT字型とI字型の2種類がありますが、T字型は主に1本で使うことが多いです。ストックは必須の道具ではありませんが、特に中高年者は持っておくと安心です（ストックの使い方は78ページ参照）。

⑦スパッツ

ゲイターともいいます。これも必需品ではありませんが、小石、雨や雪が靴の中に入ることやズボンの裾汚れを防ぐのに役立ちます。

⑧ウエストポーチ

地図や筆記具など頻繁に出し入れするものを収納するのに便利です。

⑨ヘッドライト

いざという時に備えて、両手が自由になるヘッドライトがあると安心です。

⑩水筒

保冷・保温できるテルモス（ステンレス製の魔法瓶）がお勧め。ペットボトルでも構いませんが、薄いものは破れる恐れがあるため厚めのタイプがよいでしょう。

飲み物の量は、春や秋など気候がよい季節

なら500㎖程度で十分です。気温が高い時期は1～2ℓほど準備する必要があります。この場合、荷物の重さのバランス、容器破損の可能性などを考慮すると、2本に分けておくのが無難です。

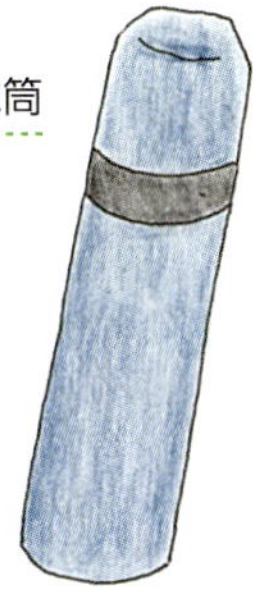
水筒

スパッツ

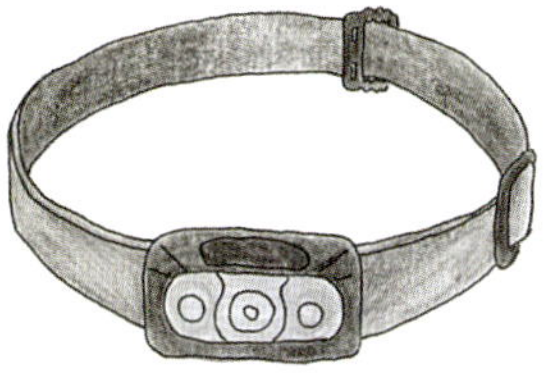
ヘッドライト

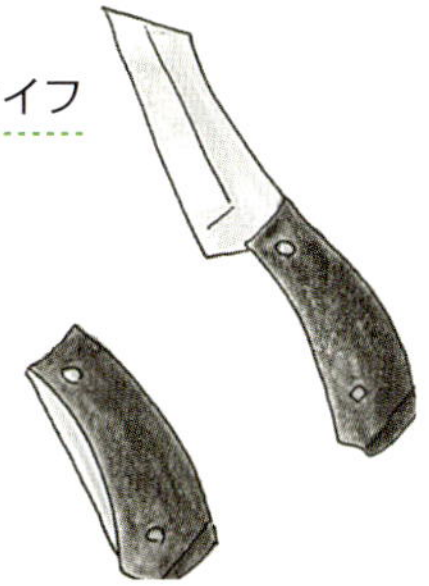
ナイフ

⑪ナイフ

コンパクトな折りたたみタイプがお勧め。缶切りやドライバー、スプーン・フォークなどの機能を備えた万能ナイフも便利です。

⑫双眼鏡

使い慣れていないと、野鳥など動くものをレンズの中に収めるのは難しいものです。不規則に飛ぶツバメやトンボなどを視野に入れる練習を行うと上達します。

非常用品

①救急用品

救急絆創膏《ばんそうこう》は必携です。他にも包帯（巻軸帯）、消毒液（オキシドールなど）、滅菌ガーゼ、油紙、はさみ、ピンセット、虫刺され用軟膏、鎮痛消炎スプレー（サロンパスなど）、三角巾などを準備しておくと、ある程度のケガに対応できます。三角巾は3枚あると骨折

救急用品

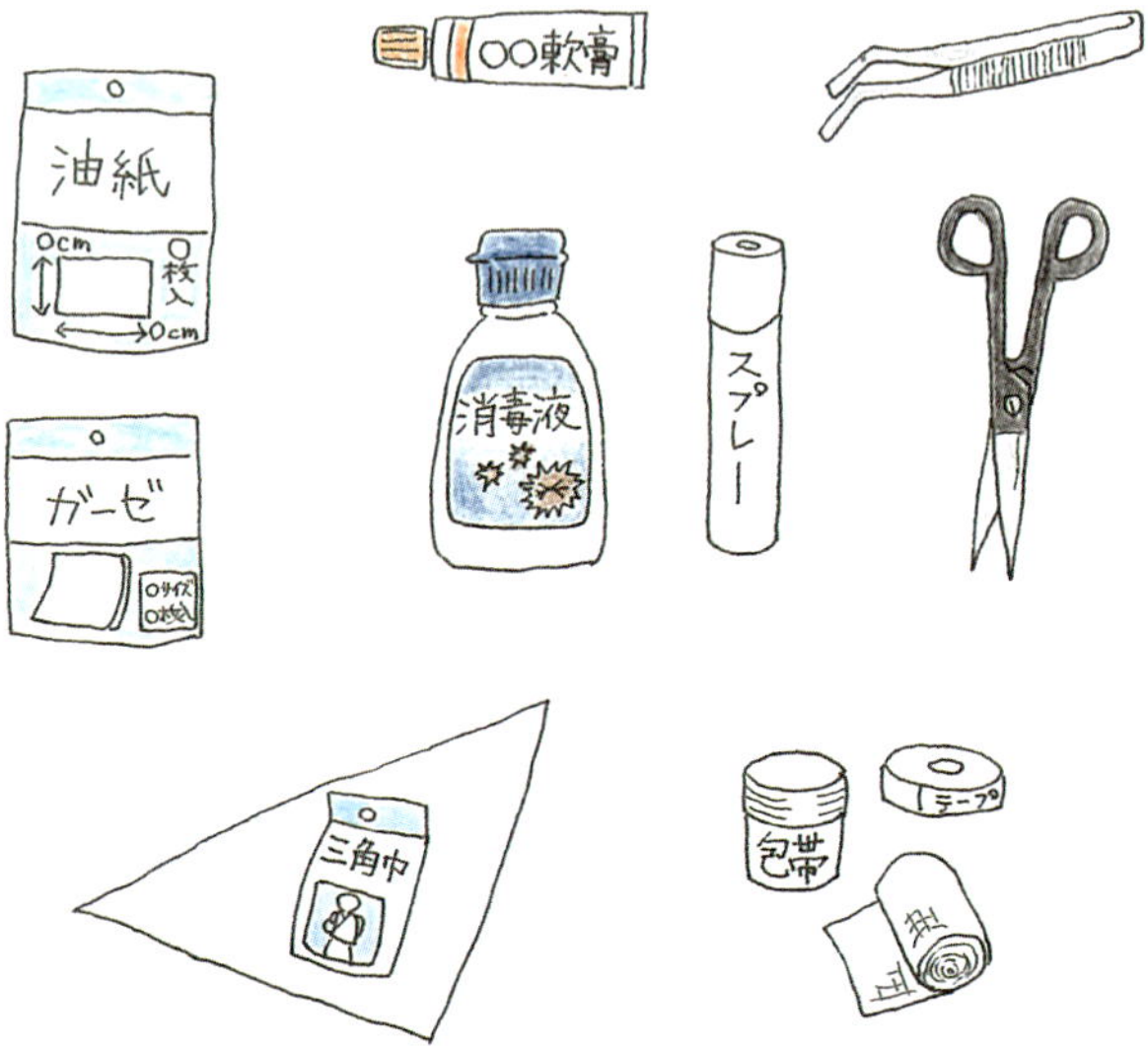

＊いざという時に慌てないよう、使い方を確認しておこう

の応急手当てにも役立ちます（三角巾の使い方は108ページ参照）。

内服薬は副作用が出る恐れがあるので原則として他人には服用させないこと。自分自身または家族などの場合は、自己責任で判断しましょう。

❷ 予備の水

傷口の土を落とす、鼻出血時に口をすすぐなど、緊急用として500㎖ぐらい準備しておくと安心です。容器は厚めのペットボトルで構いません。

❸ 荷造り用PPロープ（5m）

靴底が抜けた時の仮どめ用、靴紐の代用、道に迷った時の目印用としても使えます。

❹ レスキューシート

エマージェンシーシート、サバイバルシートともいいます。薄手の防寒用シートで、手の平サイズで軽く、広げると人を包み込むほどの大きさです。事故者を保温する時、非常時の露営《ろえい》用として使います。

❺ 新聞（3部）

火おこし、骨折の時の副子《ふくし》（患部を固定するもの）の他、断熱効果があるのでレスキューシートの代用としても使えます。

❻裁縫セット
衣類などが破けた時の他、針はトゲ抜き、靴ずれでできたマメの液を絞り出す時にも役立ちます。

炊事用品（料理をする場合）

❶食材
生鮮・加工食品やフリーズドライ・レトルト・インスタント食品など。

❷山用ガスコンロ
カートリッジ式のガスコンロが手軽で便利です。使い終わってすぐは熱を持っているので、冷ましてから収納しましょう。

❸調理器具類
コッヘル（携帯用調理器具）やおたま、水を入れたポリタンク、保冷バッグなど。

❹食器類
食器セット（汁椀、皿）、カトラリーセッ

ト（スプーン、フォーク、ナイフ）、箸など。

⑤アルミホイル

焼き物の調理の他、食器代わり、ガスコンロの風よけにも使えます。

⑥コップ

チタンやステンレスのものなら直接火にかけられます。

⑦トイレットペーパー

食器についた汚れはトイレットペーパーで拭き取ると、水を使わなくてもきれいに落ちます。芯を抜いておくとかさばりません。

パッキング（リュックの詰め方）

荷物はすべてリュックに詰め、両手は自由に使えるようにしておくのが基本です。また、リュック内にはある程度余裕を持たせておきましょう。そうすると、グループの場合、事故者の荷物を分担して運ぶこともできます。

行動食や雨具類、救急用品など、よく使うものやすぐに取り出したいものは、リュックの上部や横のポケットなどに入れておくこと。

もし荷物が多くて大型のリュックを使う場合は、リュックの底側に軽いもの、背側に一番重いもの、上側に比較的重いものを詰めると背負いやすくなります。

■パッキングの基本

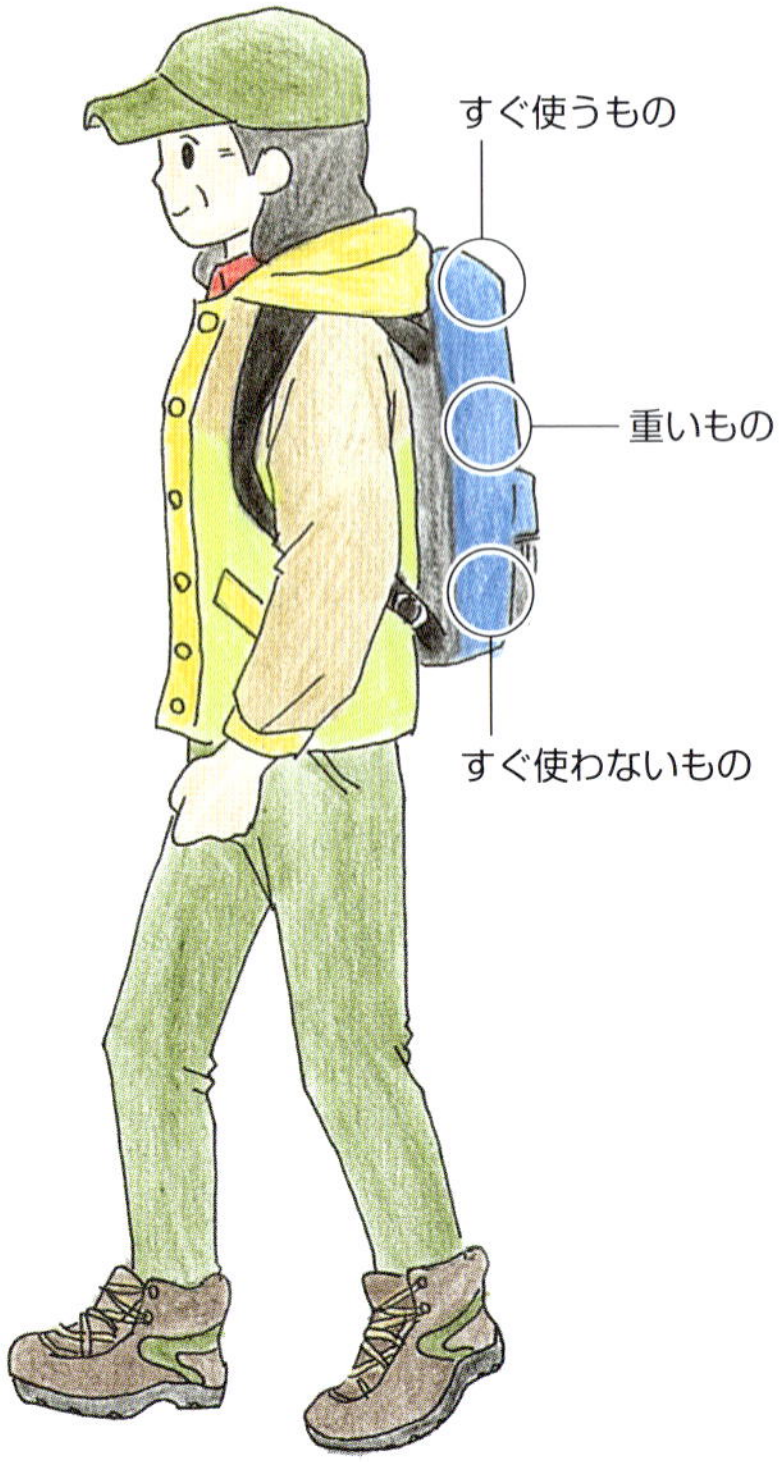

山歩の服装・装備一覧

服　装

◎帽子
◎長袖シャツ
◎長ズボン（ロングパンツ）
◎Ｔシャツ
△タートルネック（冬）
△タイツ（冬）
△フリース（冬）
△セーター（冬）
◎防寒着（レインスーツで代用可）
△サポートタイツ
◎靴下
◎靴（運動靴・軽登山靴）
△着替え（下着、靴下）

装　備

■行動用品
◎リュック（リュックサック）
△ザックカバー
◎レインスーツ
△折りたたみ傘
△手袋
△ストック（ステッキ）
△スパッツ
△ウエストポーチ
△ヘッドライト（替え電池）
△タオル
◎ハンドタオル
◎昼食
◎水筒
△行動食（兼非常食）
◎ビニール袋
◎ティッシュペーパー
◎筆記用具
△ナイフ
△敷物（レジャーシート）
△扇子（うちわ）
△カメラ
◎地形図（２万5000分の１）
△地勢図（20万分の１）
△ガイドブック（コピー）
◎シルバコンパス（方位磁石）
△高度計
◎時計
△双眼鏡
△ポケット図鑑
△入浴セット

■非常用品
◎現金
◎救急用品
△予備の水
△荷造り用 PP ロープ（５m）
△レスキューシート
△虫よけスプレー
△新聞（３部）
◎健康保険証
△運転免許証
△携帯電話
◎持病薬
△ライター（マッチ）
△裁縫セット
△使い切りカイロ（冬）
△携帯トイレ

炊事用品（料理をする場合）

△食材
△山用ガスコンロ（替えガスボンベ）
△調理器具類
△食器類
△アルミホイル
△コップ
△トイレットペーパー

◎：用意するもの　△：必要に応じて用意するもの

9 山道の歩き方

歩き方の基本

事故を起こさない歩き方

背筋を伸ばし、膝を柔らかく使い、歩幅を狭くして、バランスがとりやすい足場を選び、ゆっくり靴底で「踏みしめる」ように足を運ぶ。これが山歩きの基本です。

何かあった時、すぐに手が使えるよう、両手には荷物を持たず空けておく。木をつかんで支えにする時、腐っていると折れて転倒・転落してしまうので、体重を預ける前に確認する。落石、道の崩壊、浮き石など危険な所はないか常に確認しながら、また危険を予測しながら歩く。これらも大事なポイントです。また、危険な所より、むしろそこを通過した後に気がゆるみ、事故を起こすことがあるので気をつけましょう。

山歩きの上達には、山を何度も歩いて「コツをつかむ」のが一番です。ただし、少し慣れてきた頃にも事故を起こしがちなので、油断は禁物ということも忘れずに。

疲れにくい歩き方

なるべく段差が小さい所を見つけ、心持ち蛇行しながら歩くことで傾斜がゆるみ、足への負担が減ります。階段は1段を1歩で歩く必要はありません。小刻みに歩き、同じ足で着地し続けないよう途中で足を入れ替えると疲れにくくなります。

蒸し暑いと体が重く感じるものです。上着の前を少し開けるだけで暑苦しさを解消できます。また渓流沿いを歩く時は、川の水に手

可也山（糸島市）の尾根道

を浸すだけでも暑さが和らぎます。

気分によっても疲れの感じ方は変わります。展望を満喫する、季節の動植物を観察する、史跡を巡る、おいしい食事を作るなど、自分なりの楽しみがあれば疲れも忘れます。

歩く速さ

山を歩いている中高年の人を見ていると、ペースが速すぎる人が多いようです。ペースが速いときついだけでなく、道を見落とすこともあります。また、逆に遅すぎるのも疲れます。呼吸が乱れないぐらいのペースでリズミカルに歩くのがポイントです。

山の歩き始めは、まだ体がなじんでいないので、ゆっくりめで歩くこと。前半から飛ばすのではなく、体力を温存しておくことを意識しましょう。

突然雨が降り出すと、早く雨から逃れたいのか、歩行ペースが速くなる人を見かけます。滑落などの恐れがあるので、より落ち着いて歩く必要があります。

グループ・子どもと歩く時

指導者やベテランが2人いる時は先頭と最後尾、1人の場合は先頭を歩きます。

長い距離や傾斜がきつい山道を歩く時、指導者以外のメンバーは、時々ローテーションすると疲れが分散されます。体力が劣るメンバーは2番目を歩くと疲れにくいです。ただし、先頭の指導者のペースが速く、後ろにいるメンバーからも追われるようになると、かえって無理をすることになるので気をつけましょう。

途中で疲れて「私はここで待っています」というメンバーが出ることもありますが、安全が約束される状況以外では行動を共にするのが基本です。疲労回復を待つ、引き返す、指導者が2人いる場合は1人が付き添うな

長谷山（嘉麻市）の全景

ど、臨機応変に対応しましょう。

子どもと歩く時、安全な道なら、会話やしりとり、クイズなどをしながら歩くと、疲れを感じたり、飽きたりしにくくなります。なお、子どもと手をつないで歩くと、かえって危ないのでやめましょう。両手は自由に動かせるようにしておくのが基本です。

また、複数人で歩く場合、前を歩いている人が枝葉を弾いて、後ろの人の目などに当たってしまうことがあるので注意しましょう。

出発前の心構え

当日の状況があまり芳しくない時、「昨日まで天気がよかったのに」、「この前の山の方がやっぱりよかったかも」などとすぐに不平不満を言う人がいます。でも、このようなことは言わない、考えないこと。今から歩く山が世界で一番素晴らしいと思えば楽しくなり、色々な発見もあって、充実した1日が過ごせます。

まず地図とコンパス、高度計で現在地と進行方向を確認しましょう。地図の等高線の間隔が広いか狭いか、尾根道か谷道かを読み、心の準備をします。空を見渡し、特に西の空の状況から天気の変化を予想してみましょう。

訪れる山の全景が見えるなら、自然林と植林、尾根と谷、送電線と鉄塔などから、どのような所を歩くか、事前にイメージすることができます。

登山口の手前に住宅街や大きな公園があると、路地や散策路が入り組んでいることが多く迷いやすいので、よく確かめながら歩くことが大切です。

また、往復コースなどで同じ山道を反対に歩く場合、景色が全く変わって見え、迷ってしまうことがあります。往路でも時々振り返って、確認しながら歩くこと。特に分岐や

■上り方

靴底の全体で踏みしめ、膝を柔らかく使い、太ももでゆっくり足を引き上げ、前足に体重を乗せる

両足の間隔は肩幅くらいに開き、その幅で足を運ぶと、安定して歩ける

交点では、どちらの道から来たか、しっかり覚えておきましょう。

上り方

姿勢は背筋を伸ばしておくこと。頭を首にのせ、腰を前に押し出すようなイメージです。ただし高齢者で、バランスを崩し後ろに転倒する恐れがある場合は、少し前傾姿勢をとります。視線はなるべく足元に落とさず、数メートル先や遠方を見るようにします。

平地では爪先で蹴り出し、かかとから着地しますが、山では膝から足を上げ、足裏全体で着地します。歩幅は靴1足分とし、きつくなってきたらさらに靴半分くらいに狭くします。歩幅を狭くすると自然に足が上がり、つまずきにくくなります。

歩調と呼吸のリズムが乱れないよう、ゆっくり小刻みに足を運ぶと足音はしません。逆

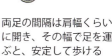

に足音が大きいということは、負荷の大きい歩き方になっているということです。また、心持ち蛇行するような感じで上ると、同じ筋肉ばかり使わなくなり、疲労を軽減できます。

　できるだけ段差が小さく、靴底全体が置ける所を見つけながら上ります。段差が大きい道や階段では、片足で全体重を持ち上げるため、同じ傾斜の坂と比べ体力を使います。

　傾斜が急な時は、「ガニ股」で歩く、横向きになって足を横に踏み出し、もう片方の足を引き寄せる、ジグザグに進むなど、状況に応じて上り方を工夫しましょう。疲れて足が上がらなくなった時は、口から息を吐きながら、へその下辺り（「丹田《たんでん》」といいます）に力を入れると、上がるようになります。ぜひ試してみてください。

　同じ山道を往復する予定の時に、前日の雨などで滑りやすい上、支えとなる樹木などがない区間があった場合は、下りが非常に危険なので、それ以上進まずに引き返すのが無難です。

　いよいよ山頂間近……はやる気持ちを抑えて、山頂に到着する直前に振り向き、どこから上ってきたかを確認しましょう。もと来た道を戻るはずが、うっかり道を間違えて下ってしまうことがよくあります。

下り方

転倒、滑落といった事故は下り坂で起こることが多いです。下り方のコツを身につけておくことで山歩きの安全性が向上します。

　まず、姿勢は軽く前傾にします。この時、腰を引いて「へっぴり腰」になってしまうと滑りやすくなるのご注意を。

　下りは上りよりさらに歩幅を狭くし、「刻む」感じで足を運びましょう。急いで下ると勢いがつき、体重の何倍もの負荷が膝にか

■下り方

傾斜がきつい時は横向きに

腰を落として重心を低くし、前足の爪先からそっと着地して足裏全体で踏む。この時、後ろ足はバネのようにゆっくり曲げて重心を残しておく

かって痛めます。また、転んで大ケガをする可能性も高まります。上りと同様、少し蛇行する感じで下ると歩きやすくなります。

もし滑った時は、できるだけゆっくりと尻もちをつきましょう。リュックをクッションに倒れ込んでもいいですね。この場合、後頭部を打つと危険なのであごを引くこと。手をつくと前腕などを骨折することがあるのでやめておきましょう。

傾斜がきつく、正面を向いて下りにくい時は横向きや後ろ向きになり、慌てずにゆっくりと通過しましょう。どうしても不安な時は地面にお尻をついても構いません。

危険な箇所を通過する時は慎重に歩いて平気だったのに、何でもない砂利状の道でズルっと滑って転ぶことがあります。また食事後、安全なゆるい下り坂では眠気が襲ってくることがあるのでご注意を。

高齢者、特に男性の場合、そこまで疲れて

■階段の下り方

後ろ足の膝をゆっくり曲げ、前の足の靴底をそっと着地させる。なお、土道と階段のどちらかを選べる場合、雨の時は階段の方が安全だ

いないのに、いきなり膝の力が抜けたり、よろけてバランスを崩したりすることがあるので気をつけましょう。また、小さな子どもは脚力が弱く、下り坂では意思に反して止まれないことがあるので注意してあげてください。

足元が悪い下り坂では、私語は慎み、歩くことに集中しましょう。ただし舗装された林道など安全な道を下る時は、会話を交わしながら楽しく歩く方が疲れを軽減できます。

危険個所の通過

三点確保

両手と片足、もしくは両足と片手の3点で体を支え、残った手か足で次の手がかりを見つけながら移動する方法を三点確保（三点支持）といいます。

急傾斜の岩場などを登り下りする時に用います。ただ、登りはまだしも、三点確保でな

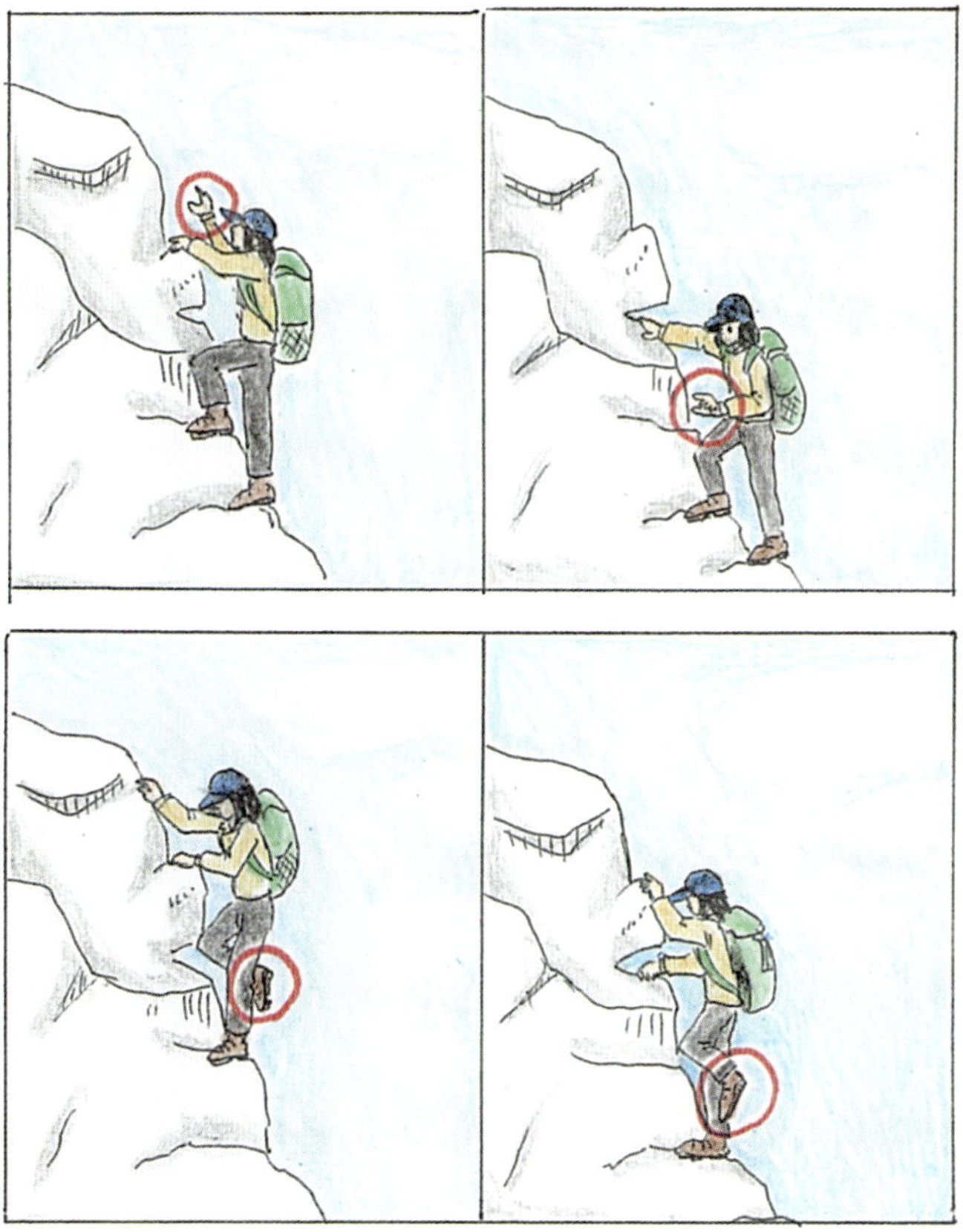

■三点確保
一度に動かすのは１点（図の赤丸）だけで、他の３点（両手と片足、または両足と片手）は岩や足場をしっかりとらえている

いと下れないルートは滑落の危険があるので、計画から外しておくのが無難です。

体を引き上げる時には脚力をメインにし、手はバランスを保つために使います。移動先が滑らないかをよく確かめた上で体重を移動させましょう。また体が伸びきると危ないので、なるべく近い所にある手がかり、足がかりを探しながら少しずつ登るのがコツです。足場が小さい場合、靴先が固い軽登山靴なら靴先を引っかけるようにして登ります。

ヒューマンチェーン

大きな段差や岩を乗り越える時などに一対一で引っ張り上げる方法です。まず、お互いの右の手首をしっかりと握り合います。握手の形だと汗で滑るので危険です。次に、上にいる人は右足を後ろに引き、腰を深く落として一気に引っ張り上げます。

様々な危険箇所と対応法

❶岩場・ハシゴ

三点確保を用います。ハシゴは間隔を置いて一人ずつ登ること。下に石を落とさないよう注意しましょう。

雷山（糸島市）の清賀の滝

❷鎖場・ロープ場

切れないか、解けないかを確認し、一人ずつ登ります。鎖やロープをつかむ時、全体重をかけてはいけません。基本は三点確保で、鎖・ロープはあくまで補助として使うこと。またぐ形で登ると体が揺れず安定します。

❸丸木橋

まず、乗っても大丈夫かどうか確認します。膝を少し曲げ、両手でバランスをとりながら、一人ずつゆっくりと渡ります。特に濡れている時は滑りやすいので気をつけること。

❹木の根・ぬかるみ

濡れた木の根、ぬかるみは特に下る時に滑りやすいので、なるべく避けて歩きましょう。どうしてもその上を歩かないといけない時は、ゆっくりと慎重に足を運ぶこと。

❺ザレ場（砂や小石が散乱している所）

特に下りでは、ズルっと滑ります。普段よりさらに歩幅を狭く、重心を低くして、靴で軽く探って滑らないか確認しながら慎重に歩きましょう。

❻ガレ場（石や岩がごろごろしている所）

大きな石でもぐらつくことがあります。安定した石を選んで足を置くこと。ゆっくり歩き、石を落とさないよう、また落石に当たらないよう注意しましょう。

❼渡渉（川などを横切って通過すること）

前提として渡渉はできるだけ避けましょう。渡渉以外に方法がない場合は、なるべく流れがゆるやかで、水深が浅い場所を探すこと。安定した石を選んで足を置き、濡れている石は滑るので注意しましょう。渡る石がない時は、石や樹木などで足場を作ります。

やむを得ず川の中を歩く場合は、川床の安定した所を見つけ、両足に体重をのせ、すり足で一歩一歩進みます。ストック（枝など）は上流側につき、下流に向かって斜めに歩きましょう。流れが速い所を渡る時は、グルー

脊振山（福岡市早良区）の渓流

プであれば2人1組で肩を組み、体力のある人が上流側を歩いて進みます。

❽トラバース（山の斜面を横断すること）

進行方向に向かって山側の足は平行、谷側の足は斜め下に向けて歩きます。ストック（枝など）が2本ある時は、斜面に合わせて左右の長さを変えて使いましょう。

休憩のとり方

休憩は、疲れすぎてからとっても回復しません。また、逆にとりすぎても疲れます。休憩のとり方次第で、疲労度が変わるのです。

基本的には、歩き始めて20〜30分後に1回目の休憩をとるとよいでしょう。休憩時間の目安は5〜10分程度。グループの時は、最後尾の人が着いてから休憩時間を計ります。

歩行者の邪魔にならず、滑落や落石の恐れがない、なるべく平坦な場所で休みましょう。リュックを背負って立ったままでも、リュックを下ろして座っても、どちらでも構いません。軽く膝の屈伸や背伸びをして関節や筋肉をほぐしてから、衣服や靴紐、リュックの調節、現在地の確認などを行います。この時点で体調が優れない時は、山歩を中止するのが賢明です。水分や塩分、エネルギーの補給は、休憩の時はもちろん、立ち止まった時など随時行いましょう。

2回目以降の休憩は、傾斜の強弱などにもよりますが、上り坂で20〜30分、もしくは40〜50分間隔で。夏など気温が高い時期は、15分ほどでとってもよいでしょう。平坦道や傾斜がゆるい下りなら60分以上空けても問題ありません。また、山歩の昼食休憩は登山とは異なり、30〜60分ぐらいと長めにとっても構いません。

「何分歩いて何分休憩するのがいい」という明確な基準はないのです。ただし休憩は計

若杉山（篠栗町）の綾杉。植物などを見学することもちょっとした休憩になる

画的にとらないと、かえって疲れてしまいます。また長い距離を歩く時は、30分に1回など、規則正しい方が疲れにくいものです。歩いている途中で植物を観察する、展望する、人とすれ違う時に足を止める……。これらもちょっとした休憩になります。また、歩行時間で決めるのではなく、コースを計画する段階で、あらかじめ休憩地点を決めておくという方法もあります。

トイレのこと

出発地にトイレがあったとしても、故障や改修工事などで使用できないことがあるので、トイレは行ける時に済ませておきましょう。また、準備体操など体を少し動かしただけでも利尿作用が働きます。可能であれば、トイレは出発直前にも行っておきましょう。

歩いている最中、トイレがない場合は携帯トイレを使い、排泄物は持ち帰るのがマナーですが、どうしようもない状況の時は、安全な場所で用を足し、使った紙は持ち帰りましょう。

暑い時期は汗で水分が排出されますが、冬は発汗が少ないためトイレの回数が増えがちです。また、高齢者や小さな子どもはトイレが近いので配慮が必要です。特に子どもはトイレを勧めても「大丈夫」と答えますが、大丈夫ではないことが多いので注意しましょう。

お勧めの体操

出発地に着いて、いきなり歩き始める人たちをよく見かけます。歩き始める前と歩き終わった後に体操をすることで、事故防止や疲労回復が図れます。特に決まった形はありませんが、ここでは、中高年の初心者や、普段運動していない人向けの体操を紹介します。

あまり入念に時間をかけて行うと、体操だけで疲れてしまう人もいます。また、難しい動きがあると思うようにできず、効果も得られません。簡単明瞭、短い時間で行える体操が実用的です。

準備体操

ケガの予防に加え、はやる気持ちを落ち着かせる効果もあります。基本の姿勢としては、足を肩幅に広げ、背筋を伸ばして立ちます。動作は大きく、ゆっくり行うこと。速く動かすと筋肉が縮み、特に寒い時期は筋肉を痛めます。

①「首」を左右に2回ずつ回す。
②両腕を大きく後ろと前の順に4回ずつ回して「肩」をほぐす。回すのがつらい場合は、両肩の上げ下げを4回行う。
③左右の「足首」を4回ずつ回す。
④足を閉じて「膝」に手を当て、左右に4回ずつ回す。
⑤足を大きく横に開き、「膝」に手を当て、膝の曲げ伸ばしを4回行う。この時、深く

■膝・股関節・太ももの体操

股関節・太ももの伸びを意識する

■ふくらはぎの体操

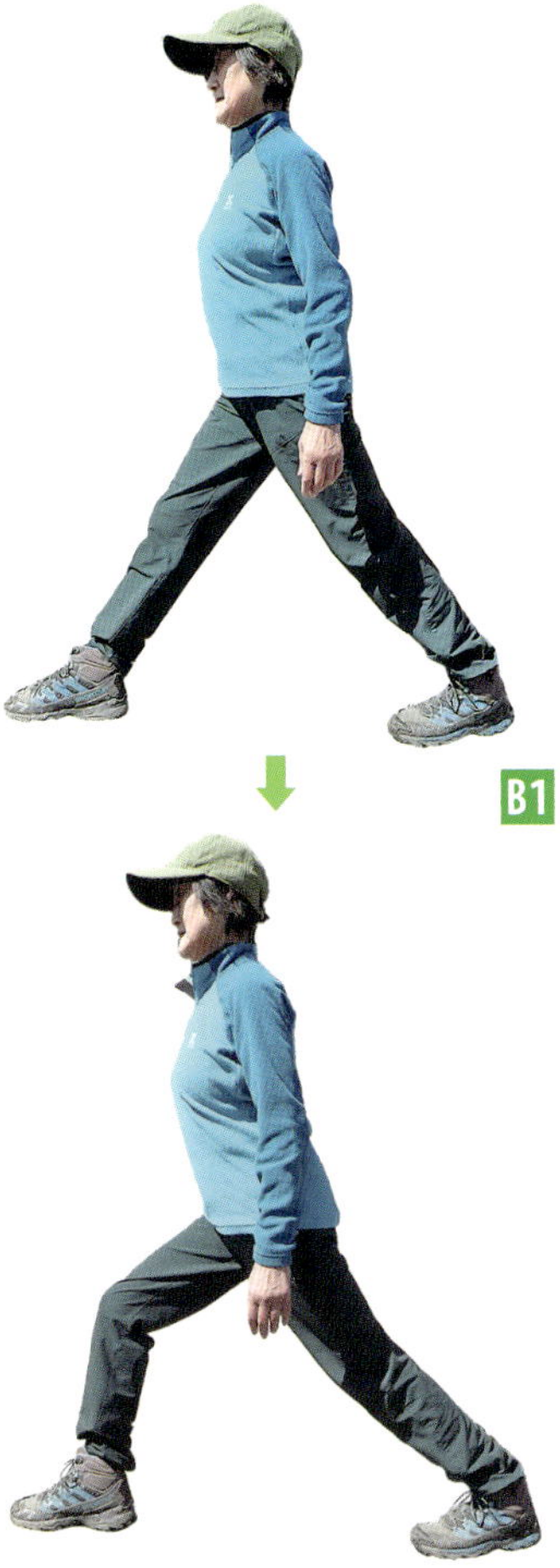

反動をつけずにゆっくりと

曲げることで「股関節」と「太もも」をよく伸ばす（写真A1）。

⑥「腰」に両手を当て、左右に2回ずつ回す。

⑦足を前後に大きく開いて伸ばし、後ろ足に体重をかける。この時、後ろ足の指先を必ず正面に向けておく（写真B1）。前の膝をゆっくり曲げると、後ろ足の「ふくらはぎ」が自然に伸びてくる（写真B2）。速く動かしたり、反動をつけたりすると伸びないので注意。よく伸びたところで止め、4回呼吸する。もう片方の足も同じように行う。

⑧最後に両腕を前から上に上げながら鼻で息を深く吸い、「背と腰」を十分に伸ばして、口をすぼめて息をゆっくり吐きながら両腕を横に下ろす。これを2回行う。

準備体操の所要時間は3分程度。駅から出発地（登山口など）まで歩く場合は、出発地に着いた時点ですでに体が温まっているので、より効果があります。

休憩時の体操

休憩をとる前に、軽く膝の屈伸や背伸びをするだけで、休憩後の体の動きが軽くなります。特に足がけいれんしやすい人は、足を横に大きく開き、膝の屈伸とともに、股関節と太ももの前・後・内側を意識して十分曲げ伸ばしするとよいでしょう（準備体操⑤）。

整理体操

歩き終えてから何もしないと、後で筋肉痛や関節痛になることがあります。体操をすることで血流がよくなり、疲れもたまりにくくなります。帰宅後、糖質やタンパク質（アミノ酸）などの栄養を補給するとなお効果的です。

整理体操は、準備体操に次の2種類を追加するだけです。

①「ふくらはぎ」の体操（準備体操⑦）の後、足を肩幅に広げ、左腕を真っ直ぐ上に伸ばし、右手で左手首を握る（写真C1）。左腕を上に少し引き上げ、左の耳に当て、ゆっくり右側に倒す。左の「体側」がよく伸びたところで止め、4回呼吸する（写真C2）。その後、元の位置にゆっくり戻す。速く動かすと腰を痛めるので注意。右の体側も同じように行う。

②左腕を前へ伸ばし、手首を右にひねって小指を上に向ける。右手で左手首を握り（写真D1）、半円を描くように真横に引っ張

■体側の体操

腰を痛めないよう
ゆっくり動かす

■胴体の体操

半円を描くように
真横に引っ張る

ストック（I字型）

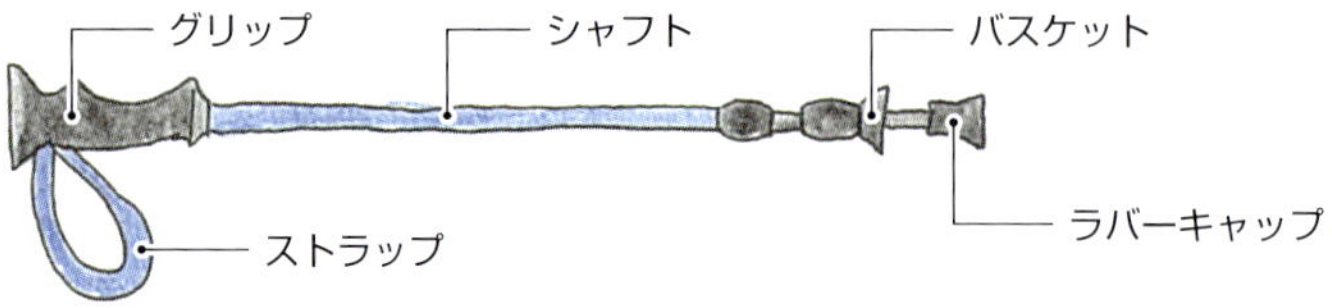

り、「胴体」をひねりながら後ろを向く。よくひねったところで止め、4回呼吸する（写真D2）。その後、元の位置にゆっくり戻す。反対も同じように行う。

この「体側」と「胴体」の体操の後、「背と腰」を伸ばしながら深呼吸したら終わりです。整理体操の所要時間は4分程度。

小さな子どもに体操を教える時は、ちゃんとできていなくても、元気よくできていればよしとしましょう。体操の代わりに鬼ごっこ遊びなどを取り入れてもいいですね。

ストックの使い方

ストックはバランスをとるための補助的な道具として使用します。ここではI字型のストックの扱い方について説明しましょう。

ストックを立て、ストラップの下側から手を通し、ストラップと一緒にグリップを握ります（左のイラスト）。ストックの長さは、平らな道でグリップを握って先を地面につけた時、肘が直角になるぐらいを標準とします。基本としてストックは、歩く時に前後ではなく上下に動かします。

上る時

上り坂ではストックを「短め」に持つ方が扱いやすいです。前方の手がかりとなるような使い方をします。ストックは前ではなく、体の横辺りに突きましょう。

下る時

下り坂ではストックを「長め」に持ちます。足を出す前に、体より一歩前に突きます。先にストックを突くことで、体のバランスが崩れるのを防げます。また着地の衝撃が和らぎ、足・膝への負担も減ります。急な下りの時は、グリップの頭を手の平で押さえる

ストックの持ち方

下る時は長めに

上る時は短めに

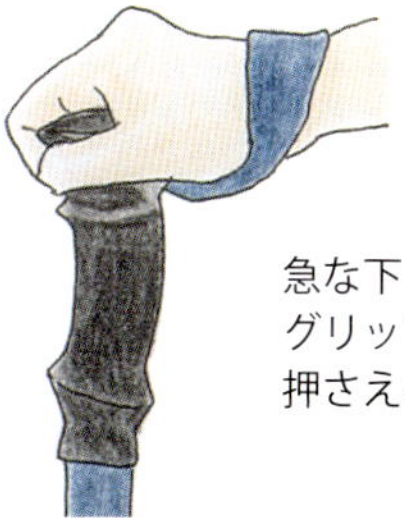

急な下りでは
グリップの頭を
押さえる

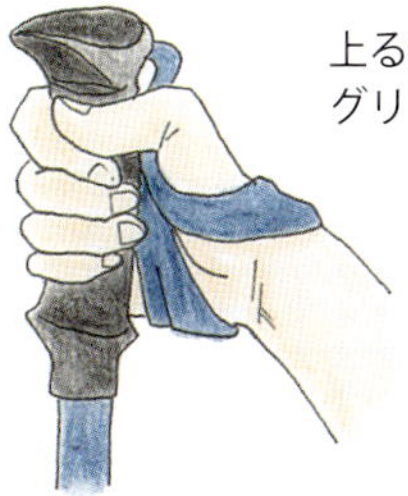

上る時など、基本は
グリップを握る

とストックが安定します（上のイラスト）。

取り扱い上の注意

ストックの先には「石突き」という金属が付いていて、持ち運びの際に危険なのでラバーキャップが付属しています。最近は自然を傷つけることがないよう、このラバーキャップを付けたまま使うのが一般的です。また、バスケット（石突きの上の輪）を付けておかないと、柔らかい土に深く突き刺さってしまい転倒することがあります。

岩場、鎖場、ハシゴなどを通過する時は危ないのでリュックに収納する、または仲間に預けること。収納する際はグラグラしないように固定しましょう。

ストックはある意味、手の延長といえます。ストックを使うことで、手足の4点もしくは3点で体を支えることになり、バランスがとりやすくなるのです。ただし、あくまで

立花山（福岡市東区・新宮町・久山町）の尾根道

補助的なものなので、体重を預けすぎないように。また、周りの人を傷つけないよう、特に慣れないうちは扱いに注意しましょう。

山歩き講習に参加してみよう

山歩きに興味、関心が芽生えた人の中には、自分一人で、または仲のよい友達と始めたいという考えを持たれている方もいます。この本で基本的なことを学べば、それも可能です。一方で、どんな山があるか、一人でも大丈夫か、一緒に行ってくれる経験者が見つからないなど、様々な不安を抱えている人もいます。とはいえ、山の会やサークルのように、常に他の会員と行動を共にするのは億劫という思いもあるようです。

そのような人は、一人でも気楽に受講できる教室や講習があるので参加してみてはいかがでしょうか。そこで基礎的な知識や技術を学ぶとともに、山の情報を仕入れ、自信を持って安全な山歩を楽しめるようになるといいですね。

山歩きの豆知識

最後に、その他の注意事項、山道の歩き方に関する豆知識をまとめておきます。覚えておけば必ず役に立つはずです。

- 同じ道でも、季節が変わると、草が生い茂ったり、落ち葉や雪が積もったりして、道がわかりづらくなることがある。
- 分岐の片方の道に草木が生えていたり、落ち葉が堆積していたりすれば、その道は人があまり通っていないということ。そちらを進むと、途中で道がなくなることもある。
- 夏は山道のクモの巣で人が通っているかわかる。もしクモの巣が多い時は人が歩いていないということ。

宝満山（太宰府市・筑紫野市）の表参道

- 植林されている山では、木が伐採される際に作業用の道が新しく増える。
- 尾根道はそれほどでもないが、谷道は豪雨の後、道が崩壊するなど状況が大きく変わることがある。
- 手入れされていない荒れた竹林では、暖かくなるとやぶ蚊が飛び回る。
- 同じ山道でも、上りと下りでは、下る方がゆるいように錯覚する。時々振り返って傾斜の角度を確かめよう。
- 昔、山城があった山の頂上付近は、敵の襲撃を防ぐため急坂になっていることが多い。
- 個人が勝手に作った近道は、えてして急坂や悪路のことがある。
- 舗装された林道は、傾斜はゆるいが、濡れていると下りで滑ることがある。
- 見た目がツルっとした石（石灰岩など）、苔、木の根、階段、赤土、丸木橋などの上は、特に濡れているとよく滑る。
- 落葉樹（コナラなど）の枯れ葉は踏むと潰れるが、常緑樹（アカガシ、タブノキなど）の葉は厚くて滑りやすい。また堆積した落ち葉は、濡れている時より乾いている時の方がよく滑る。
- 張られた鎖やロープは、またぐ時に用心しないと足にからまり転倒する。特に中高年は足を上げたつもりでも上がっていないことがあるので要注意。
- 狩猟期間（秋〜春。地域によって異なる）は、山芋探しなどでゴソゴソしていると、イノシシに間違えられ発砲されることがある。山道から外れて歩き回らないこと。
- 山道で見かける斜めの溝は、鉄砲水にならないよう、雨水を谷の方へ逃がすためのもの。
- 山道でよく見かける黒いゴム製の階段は、九州電力の作業用のもので、その先には鉄塔がある。

10

山のごはんと飲み物

山歩のランチタイム

一般的な登山の食事は、小休憩の時などに少しずつとる「行動食」が基本です。ただし、これはエネルギーの補給が目的であり、食事そのものを楽しむものではありません。

山歩の場合は、小休憩とは別に「ランチタイム」を長めにとっても構いません。豊かな自然の中、ゆっくりとくつろいで食事を楽しむ。これも山歩の醍醐味の1つです。

昼食の食べ物としては、自分が食べたいものが一番です。手作りの弁当、コンビニのおにぎり、カップラーメンも山で食べれば格別です。日帰りなので栄養のバランスは気にしなくてもよいでしょう。何といっても、好きなものを食べると元気になります。ただし、食べすぎにはご注意ください。

また、夏など気温が高い時期は食中毒に気をつけましょう。普段お腹が丈夫な人でも、疲れると食あたり、水あたりを起こすことがあります。

寒い時期は温かいものがあるといいですね。おにぎりにインスタント味噌汁をプラスするだけでも満足度がかなり上がります。熱湯をテルモス（魔法瓶）に入れて持っていけば、コーヒー、紅茶なども楽しむことができます。カップラーメンを作る場合、標準時間より長めにつけておけば、麺はちゃんと柔らかくなります。

天候不順の日は朝食をしっかりとり、歩いている時は行動食で済ませ、早めに下山して雨に濡れない場所で食べるという方法もあり

■行動食のいろいろ

■バランス栄養食も最近は種類が豊富

ます。雨の日以外でも、下山後に近くのお店でランチを楽しむのもいいですね。

行動食

行動食には、そのまま食べることができ、カロリーが高いものが適しています。例えば、おにぎり、菓子パン、バナナ、レモンのハチミツづけ、チョコレート、ビスケット、ミックスナッツ、ドライフルーツ、練乳、氷砂糖など。特に甘いもの（糖質）はすぐエネルギーに変わるのでお勧めです。最近はブロックタイプやゼリータイプのバランス栄養食も種類が豊富です。暑い時期は塩分補給として塩あめ、梅干、塩昆布などもいいですね。

いくつかの種類をビニール袋などに小分けしておくと、色々な味を楽しめます。また、日持ちするものであれば、いざという時の「非常食」としても利用できるでしょう。

■インスタント食品も上手に活用

飲み物

山歩に出かける当日の朝食は、飲み物に限らず味噌汁、スープなど、水分をよくとっておきましょう。

そして山を歩いている最中は、少し汗をかいたらその分を補うような気持ちで、少量ずつこまめに水分を補給します。口の中で噛むようにして、ゆっくりとのどに流し込みましょう。

発汗が多いと塩分なども排出され、筋肉けいれんが起こることもあります。ナトリウムを含んだスポーツ飲料、行動食などでミネラルを補給するのも効果的です。

猛暑の時は体の熱を下げるため冷たいもの、寒い時は温かいものを飲むと元気が出ます。

万が一に備え、歩き終えるまで飲み物は少しだけ残しておきましょう。子どもは、ついつい飲みすぎることがあります。特に夏場は途中で飲み物がなくなると危ないので、コップについで少しずつ飲ませるなど大人が気をつけてあげましょう。

なお、きれいな渓流であっても、動物が体を洗ったり、糞尿をしていたりすることがあるので生水は飲まないように。

料理を楽しむ

グループで行く時や時間に余裕がある時は、山で料理をするのも楽しいものです。特に寒い季節、出来立ての温かいものを食べると体力が回復します。

ただし、料理をしようと思うと、どうしても炊事用品や食器類などの荷物がかさばります。小型・軽量化を図るとともに、ゴミが出ないように工夫しましょう。

まず、使わない包みなどは家に置いていく、食べきれる量を持っていくというのが基本です。事前に切り分ける、漬け込むなどの下準備をしておくと手間が省け、包丁やまな板を持っていかなくてもすみます。インスタント食品なども上手に利用しましょう。

水場がある場合はそこを利用してもよいですが、もしものことを考えて、調理に使う水も持参する方が無難でしょう。山用ガスコンロなどを使う場合は、くれぐれも火の取り扱いに注意すること。

食べ終わった後の食器類は、トイレットペーパーなどで拭き取って持ち帰りましょう。川で洗い物をする、米を研ぐのもNGです。山を汚さないというのが鉄則です。

11

自然観察のススメ

観察力を高めよう

ここでは、山の自然を観察する時のポイントを説明します。観察力が高まれば、山の楽しみは何倍にもふくらみます。

同じ山でも、それぞれの場所で色んな表情を見せてくれます。例えば、ある場所のサクラはまだ小さなつぼみなのに別の場所では満開だった、ということはよくあります。高い所と低い所、北側と南側、尾根と谷、川の上流と下流、日が差す所と木陰など、環境が少し違うだけで出会える動植物も変わります。山の自然はパッチワークのようなものです。

同じ山の同じルートでさえ、行きと帰りでは景色が変わります。たとえ毎日同じ山を歩いたとしても、新しい発見があるものです。

せわしなく歩くと、危ないだけでなく、せっかくの発見の機会を逃してしまいます。ちょっとした休憩がてら展望する。気になったものがあったら、立ち止まって観察してみる。山歩では先を急がなくてもよいのです。

足元がよい下り坂では、上りの時より色々なものが目にとまります。きつい上り坂では周囲を観察する余裕がないかもしれませんが、足元に落ちている木の実や葉っぱなどから、どんな植物があるかを知ることができます。

珍しい植物より、よく見かけるものを識別できるようになることから始めると観察力が向上します。また、植物の名前まではわからなくても、左側は植林だが右側は自然林だとか、標高が上がり見かけない樹木が現れたな

ツクシショウジョウバカマの花

ど、変化に気づくことができれば、山歩きはより充実します。

気になるものに出会ったら、写真に撮るだけではなく、五感を駆使してじっくり観察してみましょう。最近はスマホのアプリで植物名などを調べられますが、間違っていることも多いようです。鵜呑みにせず、帰宅後に図鑑などで確認してみましょう。

この章では福岡県の山で出会うことができる植物や鳥なども紹介していきます。残念ながらそのすべての写真やイラストは掲載できませんが、ぜひ図鑑などで確認してみてください。

図鑑では春の野草として紹介されていても、冬に山を歩いていて見かける場合があります。また、山のガイドブックには紹介されていない奇岩や滝と遭遇することも珍しくありません。このように自分だけの発見があれば、ぜひ記録に残しておきましょう。その年、自分が初めて耳にしたウグイスやセミの鳴き声、初めて目にしたツバメやカモの姿なども記録に残しておくと季節感が身につきます。

違う季節のことを想像しながら歩くのもいいですね。例えば、「カエデの仲間が群生しているので、今度は紅葉の時期に来てみよう」などと考えると楽しみが増えます。

山を歩いていると、急に雨が降り出すこともあるでしょう。人間にとっては悪天でも、サワガニ、カタツムリ、ヤマミミズ、カエルたちにとっては好天です。葉っぱや石なども埃《ほこり》がとれてきれいに見えます。どんな状況でも、来てよかったと思えることが大切です。

眺めてみる

山頂などの展望地から眺める景色は、山歩きの大きな醍醐味です。福岡県の特色とし

平野に囲まれた花立山
（安見ヶ城山〔朝倉市〕より）

て、海岸線や島、市街地、夜景を眺めることのできる山が多いことが挙げられます。例えば、湯川山《ゆがわやま》（宗像市・岡垣町）の中腹にある成田山不動寺《なりたさんふどうじ》からは三里《さんり》松原、火山《ひやま》（糸島市）からは芥屋《けや》の大門《おおと》と幣《にぎ》の浜を一望できます。

山からの眺望は、空が澄んでいても逆光だとかすんだように見えます。また、早朝の方がくっきりと見え、時間が経つとかすんでくることが多いようです。このように晴れていれば眺望がよいとは限りません。

寒い季節や雨上がりの時は空気が澄んでいるため遠望できます。特に冬は落葉した木々の間から、暖かい時期には見ることのできなかった景色を拝むことができます。

訪れた山の姿がよく見える場所を探すのも楽しいものです。手前に田畑や池、川があるなら山の全景が望めます。春や秋に離れた所から山を眺めると、今まで気づかなかったヤマザクラの花、イロハカエデの紅葉を見つけることもあります。

日頃から基準となる山や山地の位置を覚えておくと、山の名を特定する時に役立ちます。標高は低いですが、町なかにある鴻巣山《こうのすやま》（福岡市中央区・南区）、平野に囲まれた花立《はなたて》山《やま》（筑前町・小郡市）などはよい目印となります。

県内の色々な地域の山を歩くことで、景色の見え方が点から線、線から面、面から立体へと広がっていきます。

声や音を聞く

山では色々な音が聞こえてきます。鳥のさえずりは耳に心地よく、その姿を見つけることができると嬉しくなります。

皆さんよくご存じのウグイスの「ホーホケキョ」は繁殖期のさえずりで、それ以外の時

カッコウ

期は茂みの中でせわしなく枝移りしながら「チャチャチャ」と舌打ちするように地鳴《じな》きします。ちなみに「地鳴き」とは繁殖期以外の平常時の鳴き方のことです。同じ鳥でも1年の中で鳴き声が変わるのです。

キツツキの仲間でよく出会うのは小さなコゲラです。町なかにもいて、戸がきしむような「ギィー」という声を出し、くちばしで木を「コツ、コツ、コツ」とつつきます。体の大きなアオゲラの声は「キョッ、キョッ、キョッ」で、つつく音も大きいですが、めったに姿を現しません。

初夏になると、鳴き方に特徴のあるホトトギスの仲間が4種類日本に渡ってきます。「カッコウ、カッコウ」はそのままずばりカッコウで、鼓を叩くような「ポポ、ポポ」はツツドリ、「トッキョキョカキョク（特許許可局）」と聞きなしされるのはホトトギスです。この3種類は姿を見ても区別するのは難しいです。もう1種類のジュウイチは「ジュウイチィ」と甲高い声で鳴きます。

夏の渓流から歯切れよく「キョロロロロロ」と響き渡れば、カワセミの仲間のアカショウビン。真っ赤な体が印象的ですが、なかなか姿を見せてくれません。

梅雨明け前からは、セミの大合唱も始まります。クマゼミは「ワシワシワシ」、アブラゼミは天ぷらを揚げる時のような「ジリジリジリ」、ニイニイゼミは「チー」と鳴きます。セミの声というと思い浮かべる「ミーン、ミンミンミン」のミンミンゼミは、福岡の平野部にはほとんどいませんが、山ではその声を耳にします。また、山では朝と夕方にヒグラシの「カナカナカナ」という声が響き渡ります。そして「ツクツクボーシ」が聞こえ始めたら、福岡ではもうすぐ夏も終わりで

シカ（古処山〔朝倉市・嘉麻市〕にて）

す。

その次は秋の虫たちの出番。エンマコオロギの「コロコロコロリーリーリー」、カネタタキの「チンチン、チンチン」、カンタンの「ルルルル」、キリギリスの「ギースチョン」などは聞き分けやすいでしょう。

「ピョー」と甲高い笛のような音が聞こえてきたら、それはシカの鳴く声です。また、草むらを通る音で、どんな生き物かある程度察しがつきます。「カサカサカサ」と騒がしい音はトカゲの仲間、「ガサ、ガサ、ガサ」は小鳥、「ズー」と引きずるような音はヘビの仲間、「ドドドド」と大きな足音はイノシシのことが多いです。慌てずゆっくり歩いていれば、これらの音は遠ざかっていきます。

匂いをかぐ

次は「匂い」に着目してみましょう。

春は、寺のお供えとしてよく用いられるヒサカキの花から漬物のような匂いがします。ジンチョウゲの花は甘い香りを周囲に放ちます。キュウリグサの葉を揉むとキュウリのような匂いがし、ハマダイコンの根を折って嗅ぐと大根おろしのような香りです。

初夏から夏にかけてはフジやスイカズラ、海辺近くではトベラ、ハマユウの花が芳香を漂わせます。

秋になるとおなじみのキンモクセイ、クズが香りを放ち、レモンエゴマの花からはレモンのような爽やかな匂いがします。

1年を通して、クスノキとその仲間のヤブニッケイ、シロダモ、薬味で用いるサンショウの葉などを折ると独特の匂いを楽しめます。

そのまま味わう

春になると、色々な植物が芽吹き出しま

フユイチゴの実

トベラの花

す。スイバの葉を嚙むと、その名の通り少し酸っぱい味がします。ホトケノザとオドリコソウの花の根元の蜜は甘いです。ナワシログミの実の味は、当たり外れがあります。このナワシログミに限らず、見た目がおいしそうな実は味もよいものです。

初夏に実るヤマモモ、クサイチゴの実の味は、ほとんど外れがありません。

秋はムクノキ、イヌマキ、ムベ、アケビなどが実ります。

冬になるとフユイチゴの赤い実を至る所で見かけます。この時期に似たようなイチゴの実はないので見間違えることもありません。

木の実を口にする場合、食べてよいものか、きちんと見分ける必要があります。初めは詳しい人に教えてもらう方が安心です。

植物観察のポイント

仲間で覚える

植物を覚える時は、花の形などでまず仲間として覚え、慣れてきたら細かく見分けていくのがお勧めです。

スミレは種類が豊富です。花はほぼ同じ形をしているので、無理に見分けようとせず、スミレの仲間として覚えておけばよいでしょう。その中で、数が一番多いタチツボスミレ、小さな白い花びらのツボスミレは比較的見分けやすいです。

タンポポの仲間でよく目にするのは外来種のセイヨウタンポポ。花が黄色で、花の下にある総苞《そうほう》（がくのような緑の部分）が反り返っています。在来種のカンサイタンポポは反り返っていません。花が白いのはシロバナタンポポで、これも在来種です。

アザミの仲間も多種ですが、春に咲いていればまずノアザミなので見分けやすいでしょう。他のほとんどのアザミは秋に咲きます。

コバノミツバツツジの花

ツツジも数種類ありますが、葉が3枚ずつつき、春に小さなピンク色の花を咲かせるコバノミツバツツジは人気があります。

ドングリの仲間には、常緑樹のスダジイ、マテバシイ、アラカシ、アカガシ、そして落葉樹のクリ、コナラ、クヌギなどがあります。標高が高い山では落葉樹のミズナラをよく見かけます。見分ける際は、ドングリの大きさ、色、はかまの模様、実が茶色く色づく時期に注目します。クリ、スダジイの実はあく抜きをせず調理して食べることができます。

比べてみる

似ているものが2種類ある場合、片方の特徴をつかんでいれば、もう一方はそれと比べることで見分けがつきます。

材木として誰もが聞いたことのあるヒノキとスギの木の樹皮はよく似ています。落ちている葉で見分けるのが簡単ですが、どの木から落ちたかわからないこともあります。そんな時は目を閉じて、手の平で幹をさわってみましょう。パリパリするのがヒノキ、スギはなめらかです。

アカマツは幹が赤く、クロマツは黒いとされますが、色では区別がつかないことがあります。松葉の先を手の平に当ててみて、チクリと痛いのはクロマツ（雄松）、アカマツ（雌松）は柔らかくて痛くありません。

ユズリハとヒメユズリハは縁起物として正月飾りなどに用いられます。ユズリハの葉は少し大きめで垂れ下がり、ヒメユズリハの葉は小さめでピンと張っています。

イヌビワとホソバイヌビワも山でよく見かける低木です。イヌビワの葉は洋梨のような形ですが、ホソバイヌビワはほっそりとしています。

ハルジオンとヒメジョオンは、茎につく葉の状態を見ましょう。ハルジオンは葉が茎を巻くようについています。「はるまき」で覚えておくとよいでしょう。ヒメジョオンの葉は茎を巻かず、開花時期もハルジオンより遅いです。

アカツメクサとシロツメクサは赤白の花の色で区別しますが、中には紛らわしいものもあります。そんな時は葉のつき方を見てみましょう。アカツメクサは花の付け根に葉があり、シロツメクサは地面に近い所に葉がつきます。なお、アカツメクサは北九州地方に多く見られます。

ヤブミョウガ（白花で黒い実）とハナミョウガ（ピンク・白の花で赤い実）もよく目にします。ヤブミョウガの葉は光沢と張りがあり、ハナミョウガの葉はくすんでヨレっとした感じです。どちらもミョウガの葉に似ていますが、食用には適しません。

紅葉する植物

秋の楽しみといえば紅葉です。赤色だけでなく、黄色や褐色のものも広義の紅葉に含まれます。

代表的なのはイロハカエデやイタヤカエデなどのカエデの仲間で、ハゼノキの赤も鮮やかです。黄色系はイチョウをはじめアカメガシワやイヌビワなどで、コシアブラは薄黄色になります。

■ヒノキとスギ

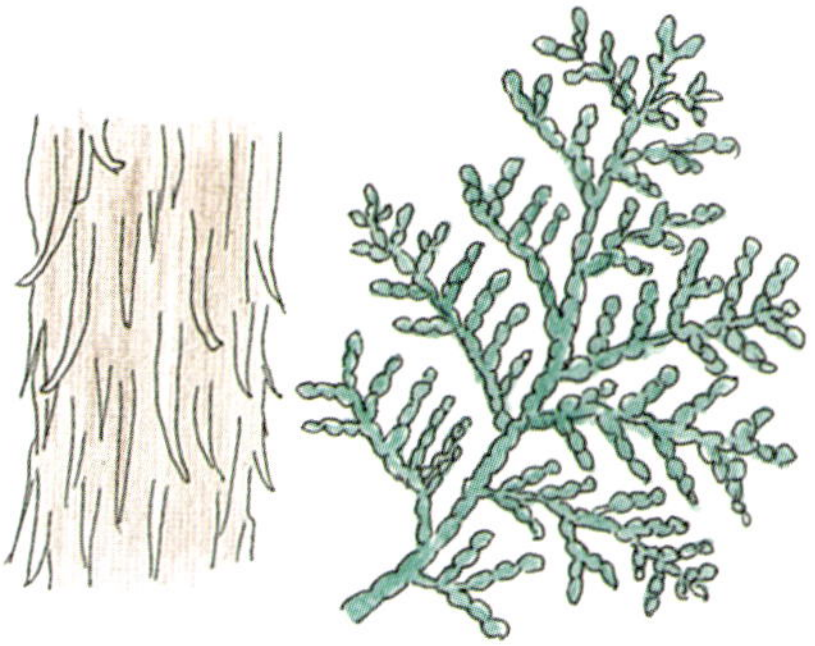

ヒノキ

スギ

【葉先】ヒノキは丸く、スギは尖っている
【樹皮】ヒノキはパリパリ、スギはなめらか

イヌビワの紅葉

黄色に紅葉するものは、日が差している時より薄暗い時の方が光って見えます。また、山道に落葉したばかりのもの、きれいな浅い川に沈んだ葉も風情があります。イロハカエデやシロモジなどの葉が薄くて紅葉する樹木は、新緑もきれいです。

福岡県は冷え込みが弱いので、紅葉の鮮やかさに欠ける傾向がありますが、その分温暖なため、晩秋でも紅葉を愛《め》でながら心地よく歩くことができます。

個性がある植物

最後に山で見かける個性的な植物を挙げておきましょう。

樹皮に特徴がある樹木として、皮目が横に並んでいるサクラの仲間、皮目が縦にねじれたように見えるネジキがあります。鉄さびのような色のバクチノキ、子鹿のような白と黒のまだら模様のカゴノキ、木の下部だけにイボイボがあるカラスザンショウなどもよく出会います。

葉では、柏餅の葉に利用されるサルトリイバラ、山道によく落ちている大きな葉のホオノキ、葉が2枚ずつ交互に並んでつくコクサギなどが印象的です。

木の実も個性豊かです。よく見かけるのは、小さな赤い実が集まってピンポン玉くらいの大きさになるサネカズラ、大木に小さな山吹色の実がたくさんぶら下がるセンダン、小さな針が1本上向きにつき、小さな赤い実がなるアリドオシ、紫色の小さな実がつくムラサキシキブの仲間、オレンジ色の細長い実がぶら下がるフウトウカズラ、白い小さな実がびっしりついて群生するイズセンリョウなどです。

珍しい花々を見つけると嬉しくなります。ピンク色の小さな花がねじれるようにつくネジバナ、白い龍のような姿をしたギンリョウ

ツリフネソウの花

ギンリョウソウの花

ソウ、煙管《きせる》を立てたような形のナンバンギセル、ピンク色の船のような形の花がぶら下がったようにつくツリフネソウなどは特に個性的です。

キノコの仲間では、樹木の幹につく姿を腰かけに見立てたサルノコシカケをよく目にします。黄色の網で覆ったようなウスキヌガサタケ、赤唐辛子を何本もぶら下げたようなツチアケビは、自生する山へ適期に訪れると出会えるかもしれません。

野鳥と出会う

先ほど鳴き声が特徴的な鳥を少し紹介しましたが、ここでは初心者でも山で見かける確率が高い鳥を挙げてみましょう。

いわゆるハトの姿形で首に縞模様があり、「デーデーポーポー」と鳴くなら、野生のキジバトと思ってよいでしょう。

よく出会うカラスの仲間は2種類います。くちばしが太く「カーカー」と鳴くのはハシブトガラス、くちばしが細く「ガーガー」と鳴けばハシボソガラスです。

スズメのような姿で高い所にとまって「ヴィーン」と鳴けばカワラヒワ、「チッチーピーッツチチツツピー」ならホオジロ、秋に「キチキチジョンジョンジョン」と高鳴きし、尾をくるりと回すのはモズです。

花がある木には、「ピーヨ、ピーヨ」と甲高い声のヒヨドリ、文字通り目の周りが白いメジロが蜜を吸いにやって来ます。メジロのくちばしを赤くしたのがソウシチョウ。「ピィチョイチョイチョイ」とよく通る声で、遠くにいる仲間と交信するように鳴きます。

黒い頭で頬は白く、「チューピー、チューピー」と鳴くのはシジュウカラ。それと体形や鳴き方が似ていて、お腹が栗色のヤマガラ

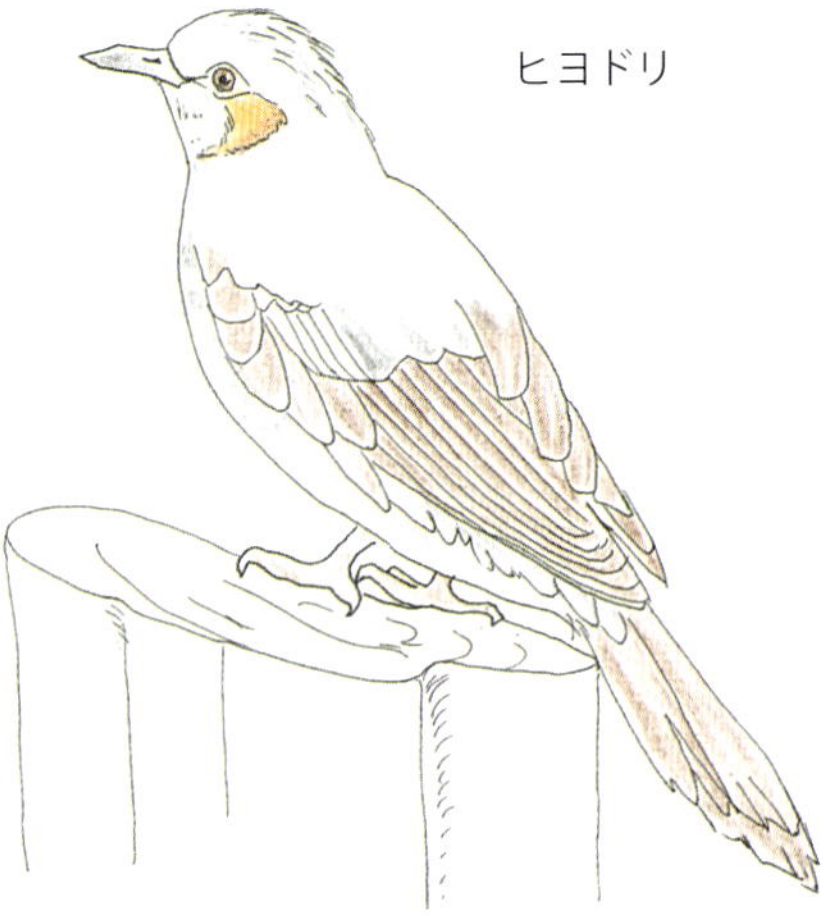

ヒヨドリ

メジロ

もよく姿を見せてくれます。

小さな体に長い尾のエナガは「ジュルジュルジュル」と鳴き、木に群がることが多いです。

冬は落葉した木にシジュウカラ、メジロ、エナガ、コゲラなどが一緒にとまることがあり、色々な野鳥を一挙に見ることができます。また寒くなると、山に限らず町なかでも、時々お辞儀して尾をふるわすジョウビタキを目にする機会が増えます。

川や池などの水辺ではサギ、セキレイ、カモの仲間を観察できます。

ツルとよく似ていて、首を折り曲げ、白くて大きいのはダイサギ、小さいのはコサギと思ってよいでしょう。青灰色はアオサギで、ダイサギよりわずかに大きい体です。

セキレイの仲間は体が細く、長い尾を上下によく振り、飛ぶ時は波形を描きます。ハクセキレイとセグロセキレイはどちらも白黒ですが、セグロセキレイは顔が黒いです。キセキレイは背が灰色で、お腹が黄色いのが特徴。

カモの仲間のほとんどは冬になると北国から飛来します。雄は色鮮やかで、雌はほとんどが地味な茶色です。

12

記録に残しておこう

人間の記憶は、数日経てばあまり残っていないといわれるほど、頼りないものです。せっかく貴重な経験をしたのであれば、記録として残しておきましょう。それは、きっといつかあなたの宝物となるはずです。また、次の山歩の計画を立てる際にも必ず役立ちます。

どんなことを書くか

次ページに山歩記録の例を掲載しています。以下、各項目を記入する際のポイントを解説します。

【山名】 読みにくい山名や、同じ漢字で違う読み方をする山名などがあるので、ふりがなをつけておこう。

【天気】 晴れや曇りだけでなく、「蒸し暑かった」、「晴れていたが、かすんでいた」など、自分なりに感じたことを書いておこう。

【場所】 ごく小さな山以外は複数の市区町村にまたがることが多い。

【参加者・指導者】 グループの場合、年代・学年ごとの人数、男女の人数、障がい児者の有無などを記録しておくと、同じような構成で別の山に登る時、所要時間を割り出すのに役立つ。

【内容】 山を歩くことだけではなく、他にどんな目的を持って訪れたかを記入しておく。

【コース図】 簡単な略図を残しておくと、一目で歩いたルートを思い出すことができる。

【行程記録】 コース図と合わせて見ることで、より具体的にルートをイメージすることができ、次回の計画を立てる際にも役立つ。

■山歩記録の例

①山　名：高祖山（たかすやま、416m）
②日　時：2022年10月26日（水） 11：10～13：45
③天　気：晴れ。風は冷たく少し寒いが、日が差す所は暖かかった。空は澄んでいた。
④場　所：福岡市西区、糸島市
⑤記録者：○○○○
⑥参加者・指導者：〈指導者〉谷 正之
〈参加者：一般の初心者〉50代女性3人、60代女性1人、70代男性1人・女性1人、80代男性1人（計7人）
⑦内　容：自然と城跡に触れ、山頂で眺望を楽しむ
⑧コース図：別紙
⑨行程記録

10：30　JR 筑肥線「九大学研都市」駅改札口前集合。資料配布・自己紹介
10：40　車移動
10：55　出発地（高祖神社：標高100m）着。現在地とコース確認、体操、トイレ
11：10　スタート　分岐①経由
11：30　一の坂礎石群、休憩
11：35　出発　分岐②→分岐③経由
12：10　高祖山着　昼食
12：50　出発　分岐③→分岐②→分岐①経由
13：45　出発地ゴール。トイレ、体操、参加証配布
14：00　車移動
14：15　九大学研都市駅着、解散

⑩山の特色：高祖神社にトイレ、駐車場、休憩所がある。山頂は高祖山城の上ノ城址で、すぐ近くに下ノ城址もあり、その周辺で大樹が観賞できる。山頂から景色も望める。
⑪気温・湿度：最高気温21.6℃、最低気温9.9℃、湿度38%
⑫感　想：山道の上り坂では少し汗ばんだが、暑苦しさはなく歩きやすかった。のどはあまり渇かなかった。ヤブコウジ、フユイチゴの実や、ツワブキ、ヒヨドリバナの花も目にするようになってきた。冬鳥のシロハラが鳴く声を、この秋初めて耳にした。
山頂間近にあるマテバシイ、タブノキ、特にイヌシデの大木には皆さん関心を示されていた。

過ごしやすい気温だったので、昼食はくつろいでとることができた。

空は澄み視界がよかったので、山頂から可也山、脊振山地の雷山、羽金山など、くっきり眺めることができた。

歩いている途中、中高年の男性単独行4人、女性単独行2人、男性2人組、女性2人組を見かけた。

■コース図の例

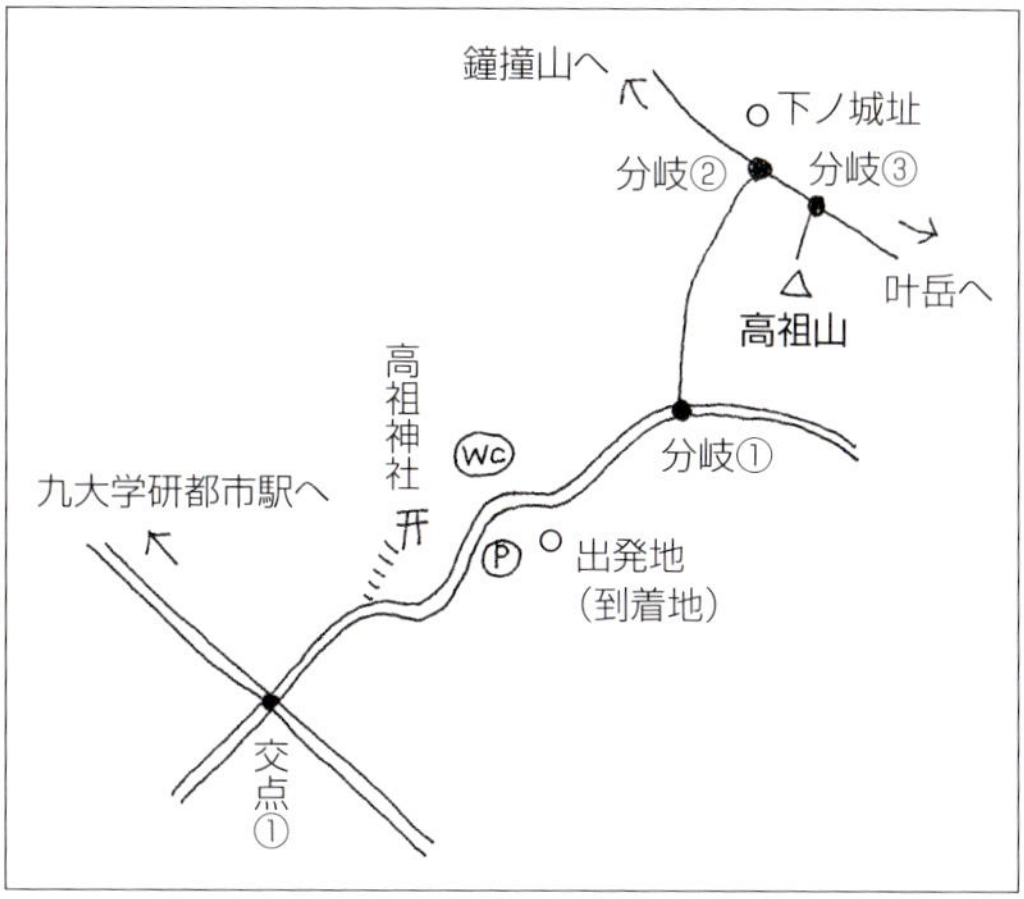

【山の特色】 自然、史跡、展望適地などの見所の他、トイレや駐車場、雨宿りできる東屋など設備についても記録する。下山後に立ち寄ることができるお店、温泉などの情報も記しておきたい。

【気温・湿度】 翌日の新聞などで、なるべく歩いた山に近い地域の最高気温、最低気温、湿度を確認する。実際の山の状況と全く同じではないが、判断材料になる。

【感想】 気づいたこと、感じたこと、次回の課題など思いついたことを記しておこう。些細なことでも、いつか役に立つかもしれない。

メモのとり方、整理の仕方

山を歩いている途中でちょっと足を止めた時、小休憩の時など、こまめにメモをとっておくといいですね。駐車場は「Ⓟ」とするなど、自分なりの略字を決めておくと記入時間を短縮できます。

風景写真や仲間との写真だけでなく、出発地、分岐、交点、山頂などのポイントとなる場所、トイレ、休憩所、駐車場など設備の写真も撮っておくとよいでしょう。

帰宅後にメモや写真を整理します。記憶が薄れる前に、できるだけ早くまとめておきましょう。普通のノートよりクリアファイルに整理しておく方が、後で取り出して利用しやすいのでお勧めです。

装備や服装についても、数量が足りなかったもの、持っていく必要がなかったものがあれば記録に残しておくと、次回以降、無駄を省くことができます。

13 山の危険

道迷い

尾根や谷がいくつもある所を通る時や山を下る時に勘違いして進み、やがて山道が途切れて迷ってしまう……。遭難の一番の原因はこの「道迷い」です。

道に迷ったことに気づいたら、まずは落ち着くこと。そして来た道を引き返し、どこで間違えたのかを確認して正しいルートに戻ります。

もし完全に迷ってしまったら、とにかく上っていきましょう。上っていけば、人の踏み跡がある道、尾根や山頂など見通しのよい所に辿り着きます。そこから目標物を探し、現在地を確かめながら下山するのです。

道に迷った所から下ると、急流や滝にぶつかるなどして身動きがとれなくなってしまい危険です。また濃い霧が発生している時はさらに方向感覚を失うので、霧が薄くなるのを待ってから行動しましょう。

計画段階で下山時刻に余裕を持たせておくと、冷静な判断と行動がとれます。

転倒・滑落

転倒・滑落は下り坂で発生することが多いです。足の置き場や歩く速さに注意しながら、事故を未然に防ぐことが第一です。

それでも、もし転倒・滑落してしまった場合、単独行であれば応急手当てを施して自力で生還しなければなりません。そして、もし日が暮れてしまったら、レスキューシートな

どを使って露営することになります。

近年、軽率な行動で事故を起こし、安易に携帯電話で通報する人が増えています。もちろん緊急の場合は仕方ありませんが、山歩きをはじめとする野外活動では、自分の身は自分で守ることが基本です。救助の要請は最終手段と心得て、そのような状況に陥らないよう気をつけましょう。

グループの場合、もし携帯電話がつながらなければ、誰かが救援を求めにいくことになります。運搬という手もありますが、人一人を担いで下山するのは容易なことではありません。

なお、山では携帯電話のバッテリーの消耗は早いので、出発前に充電し、不必要な電話はかけないようにしましょう。携帯型充電器も用意しておくと安心です。

落石

落石には、雨や風の影響で発生する自然的なものと、歩いている人の不注意による人為的なものがあります。

「落石注意」の表示がある所は、必ず上の方に危険な石があります。特に雨が降った後は、地盤がゆるんで石が落ちやすくなっているので用心すること。

人為的な落石については、まずは歩いている人が下に石を転がしたり、落としたりしないことが大切です。もし落としてしまったら、すぐに大声で「危ない！」と叫び、下の人に知らせること。

下を歩いている人は、声が聞こえる方を見上げて石の位置を確認し、安全を確保します。とっさに逃げるのは難しいですが、最低でも頭部への直撃は避けるようにします。

■落雷時の「保護範囲」

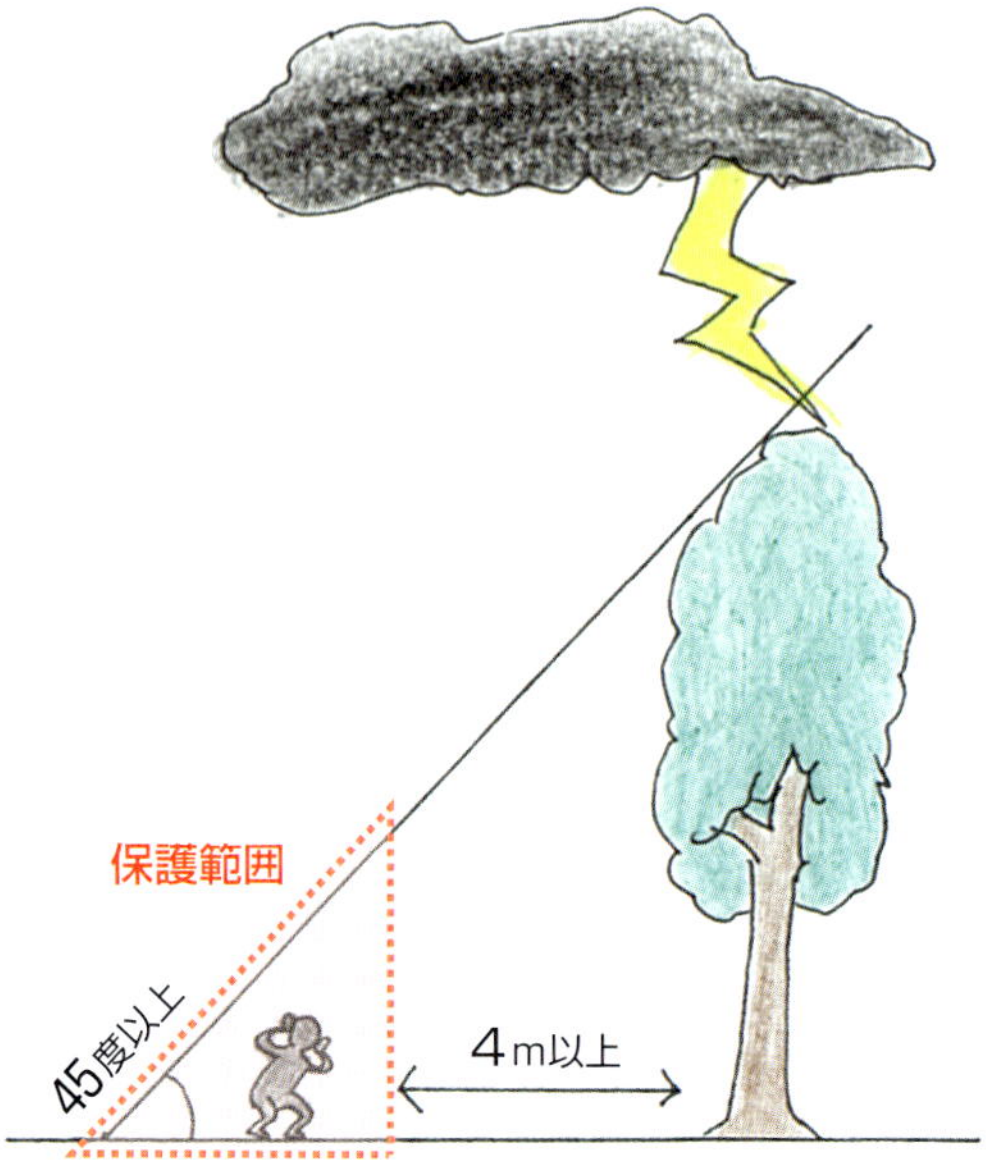

雷

発達した積乱雲を見つけたら要注意。雷は大木、尾根などの高い所に落ちる傾向があります。川原など開けた所にいる時も、他に高いものがないため危険です。

心に余裕があれば、光と雷鳴の時間差を数えてみましょう。その秒数×３００ｍでおよその距離がわかります。だんだん近づいてくるようなら、安全な場所に避難します。一番安全なのは建物や車の中ですが、山の中であれば窪地や谷筋などの低い場所に移動しましょう。

雷が近い時、大きな木の近くにいれば、木の幹や枝先から４ｍ以上離れ、かつ木のてっぺんから45度以上の角度内に逃げます。これは「保護範囲」といい、鉄塔や電柱などでも同様です。

開けた場所などで逃げ場がなければ、両足の間隔を狭くしてその場にしゃがみ込み、手指で両耳を塞ぎます。そして落雷が落ち着くのを見て、より安全な場所に避難します。

グループの場合は、人数の多い所に落ちることがあるので、一人ひとりがなるべく離れておいた方がよいでしょう。

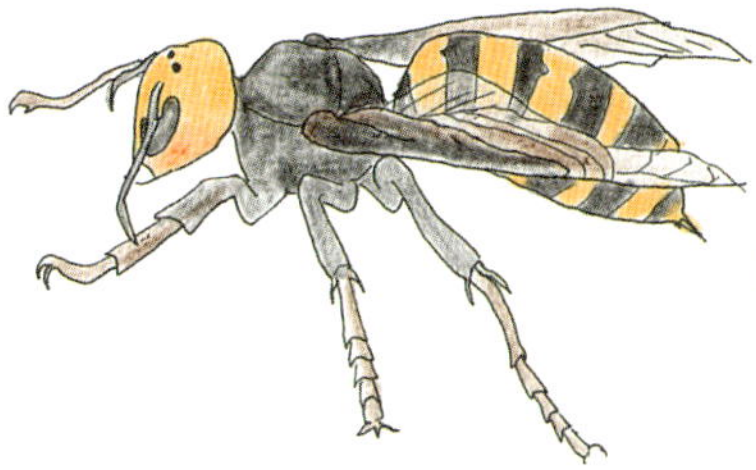

スズメバチ
活動時期は5〜11月。特に8〜10月頃は攻撃的になるので要注意

なお、同じ場所での落雷が長時間にわたって続くことはまずないので、落ち着いて行動しましょう。

熱中症

気温や湿度が高い時に発症します。熱中症とは熱障害の総称であり、症状によって対処法は異なります。

体温が上昇しているなら、風通しがよい日陰で衣服をゆるめ、うちわなどであおいで体温を下げます。凍らせたペットボトルや保冷剤などがあれば、タオルにくるんで脇の下や首筋に当てましょう。顔が青白い時は、足を高くして休憩します。肌が冷たい時は、乾いたタオルなどで皮膚を摩擦します。吐き気がある時は水分を控えましょう。

いずれにしても熱中症については、帽子をかぶる、衣服で温度を調整する、こまめに水分・塩分を補給するなどして、未然に防ぐことが大切です。

危険な動植物

スズメバチ

スズメバチは黒いものや強い匂いに反応する習性があるので、山に行く時は黒系の衣服や香水などは避けておいた方が無難です。

うっかり巣に近づくと、周囲を飛び回り威嚇してきます。瞳も黒いので狙われないよう顔は下に向け、首筋を保護します。動くものに敏感なので、ゆっくりその場から離れましょう。もし襲われたら、走って遠ざかること。

刺された場合、針が残っていればピンセットなどで抜きます。ハチの毒は水に溶けやすいので、傷口から毒液を絞り出すように水で洗い流します。虫刺され用軟膏（抗ヒスタミンや副腎皮質ホルモンを含有するもの）を持っていれば塗っておきます。じんましんやめまい、意識障害などが現れたらアナフィラキシーショックの可能性があるため、すぐに医療機関へ行くこと。

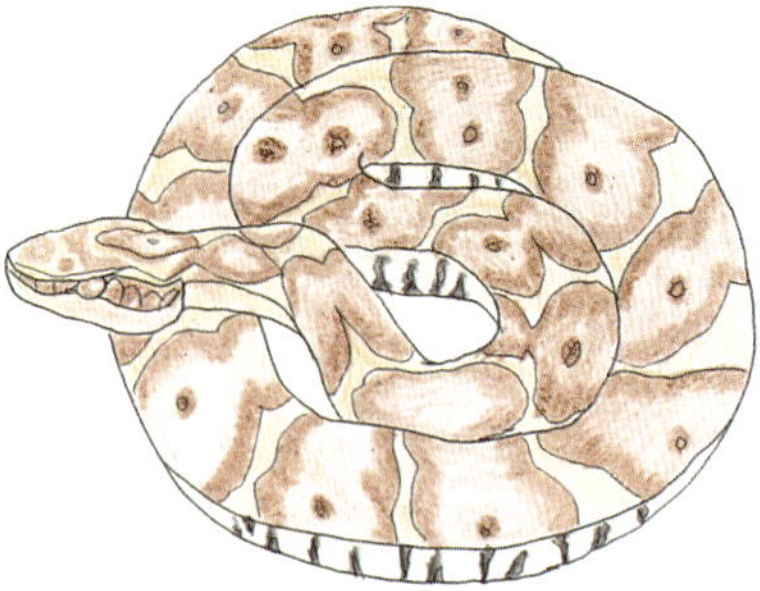

マムシ
三角形の頭部が特徴で、体全体に５円玉のような模様が入っていることが多い

ヤマカガシ
全身が赤くて黒い斑点があり、首元が黄色い個体が多い。ただし体色の個体差が激しく判別が比較的難しい

ヘビ

福岡県に生息する毒ヘビはマムシとヤマカガシで、どちらも性格はおとなしいです。見つけた時は近づかず、脅かさなければヘビの方から逃げていきます。岩や倒木の陰、湿り気のある草むらなど、ジメジメした所を好むので、そういう所に急に足を踏み込んだり、手を突っ込んだりしないこと。近づきすぎて、もしとぐろを巻いて攻撃態勢に入ったらすぐ離れましょう。

もし嚙まれたら、できるだけ早く医療機関へ行って治療を受けること。ただし激しく動くと毒が回りやすくなるので慌てないように。吸引器などで毒を吸い出す方法もありますが、その効果は実証されていません。

ヤマカガシの場合、首の後ろから毒液を飛ばすことがあり、目に入ると失明する恐れもあります。もしも目に入ったら、その目が下になるよう顔を横に向け、すぐに水で毒を洗い流してください。

イノシシ
子どもがいるイノシシは特に警戒心が強く凶暴なため、決して近づかないこと

サル
最近は住宅街に現れることもあるので対処法は覚えておきたい

イノシシ

イノシシは昼夜を問わず活動しています。人があまり訪れない山を歩いている時や、雨や霧がかかっている時には、何頭も目の前を横切ることがあります。本来は臆病な性格なので、ほとんどの場合は慌てて遠ざかっていきます。たまに好奇心旺盛な子ども（うり坊）が逃げずにこっちをうかがうことがありますが、近くに親がいることが多いので近づいてはいけません。もし鉢合わせたら、ゆっくり後ずさりしてその場を離れること。イノシシが突進してきたら横に避ける、あるいは木の上など高い所に逃げましょう。

サル

サルの群れに近づいてしまうと、警告の鳴き声を発するので、そこで動かずじっとしていれば、大抵はサルの方から遠ざかっていきます。目を合わせる、大声を出すなど、むやみに刺激すると襲ってくるのでやめましょう。もし攻撃してきた場合、背中を見せず、目をそらしたままゆっくり後ずさりすること。ある程度離れると攻撃をやめます。筆者は野外活動を56年行っていますが、福岡県の山でサルと出会うことは滅多にありません。

野犬

山で野犬の群れを見かけることは、今では

野犬

近年はほとんど遭遇しないが、攻撃性が高いため見かけたら要注意

ほとんどありません。しかし、サルと同様、攻撃性が高い傾向があるので念のため注意しておきましょう。野犬は人を信用せず、食べ物を狙って現れます。襲いかかってきたら、ストックなどを振り回して追い払うこと。この時、後ろからの攻撃にはくれぐれも注意。

食べ物を放り投げて、そのすきに逃げるのもよいでしょう。

危険な植物

イチョウの悪臭がする実（銀杏）は皮をさわるとかぶれることがあります。また、ハゼノキなどウルシの仲間は近づくだけでかぶれる人もいます。もしかぶれたら水でよく洗い流しましょう。

また花粉症も、当人にとっては深刻な問題です。現在はスギをはじめ約50種の原因植物が確認されており、ほぼ年間を通して何らかの花粉が飛散しているそうです。山では平地以上に花粉が多いので、花粉症の人は自分に合った対策を講じておきましょう。

うっかりタラノキ、ノイバラ、イラクサなどトゲのある植物にさわり、トゲが刺さってしまうことがあります。これらのトゲに毒はありませんが、感染の危険性はあります。トゲが残っている時は取り除き、傷口をつまんで血液を少し絞り出した後、救急絆創膏を貼っておきましょう。かぶれ、トゲなどを避けるには、肌を露出しない服装が何より大事です。

キノコについてもひと言。食べられるキノコと毒キノコの区別はとても難しいものです。キノコに限らず、確信が持てないものは口にしない方がよいでしょう。

14 もしもの時の応急手当

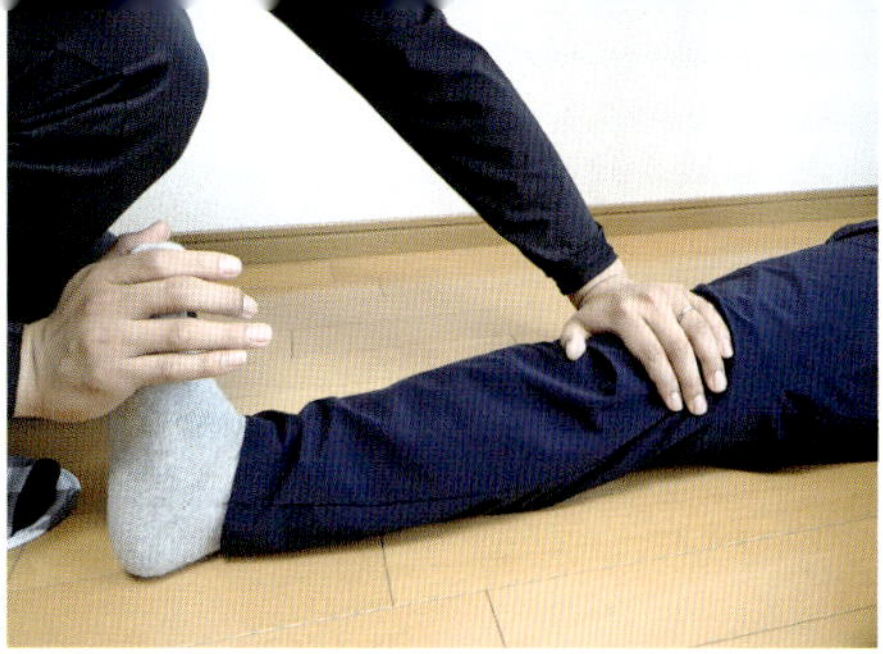

ふくらはぎがけいれんした時は、膝を押さえ、足先を曲げてふくらはぎを伸ばす

ふくらはぎのけいれん

いわゆる「足がつる」ことで、「こむらがえり」とも呼ばれます。準備運動不足、筋肉疲労、急激な温度差などが原因で起こることがあります。

けいれんした時は地面に座り、けいれんした方の足を伸ばします。膝が曲がらないよう手で上から膝を押さえ、ふくらはぎが十分伸びるよう、足先をすねの方にゆっくり曲げ、硬くなっている部位をもみほぐします。すぐに歩き出すと再びけいれんが起きるので、少し休憩をとること。

ミネラルや水分不足で発症することもあるので、栄養補給にも注意しましょう。

靴ずれとマメ

靴ずれしそうな場合、あらかじめパッドや救急絆創膏を貼って予防しましょう。歩いている最中に靴ずれでマメができた時は、消毒した針で突いて中の液を絞り出し、救急絆創膏を貼っておくこと。

傷

基本的な手当て

よく起こるのが、すり傷、切り傷、刺し傷で出血、痛みを伴い、細菌感染の危険もあります。傷口が小さい時は、少し絞って血液とともに細菌を外に出すようにします。その後、消毒して救急絆創膏を貼ります。救急絆

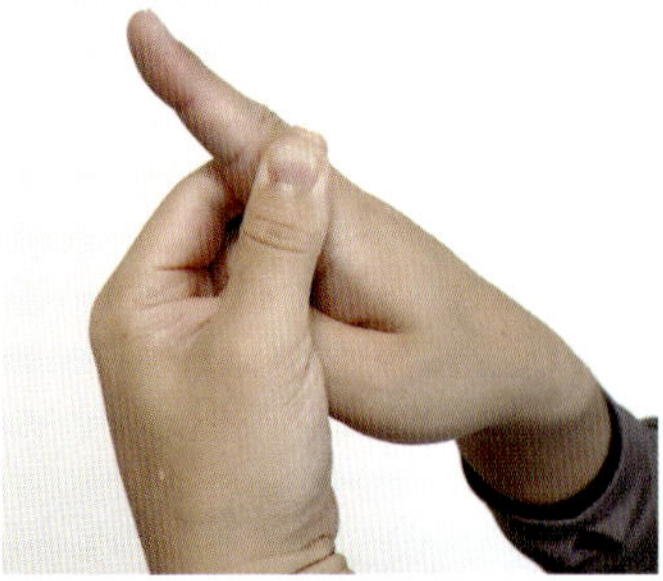

◀間接圧迫止血
傷口より心臓に近い動脈を押さえて血流を止める

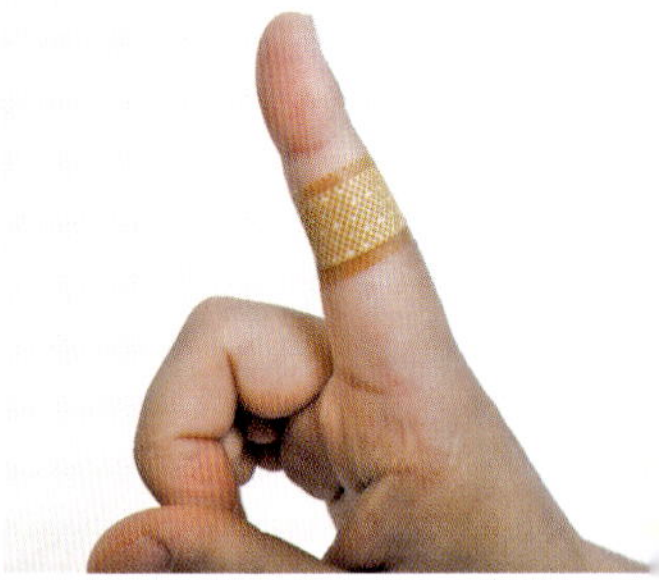

直接圧迫止血▶
絆創膏やガーゼなどで傷口を直接圧迫して止血する

創膏に血がにじむようなら、その上からさらに2枚、3枚と重ねること。傷口が大きい時は、そのまま滅菌ガーゼを当て、三角巾を巻きます。出血が多い場合は強く巻くと止血できます。手足の傷であれば、傷口を高くすることで出血と痛みが和らぎます。

止血法

救急絆創膏や、滅菌ガーゼを当て三角巾などを傷口に直接巻いて血を止める「直接圧迫止血」が止血の基本です。直接圧迫止血の準備に時間がかかる場合、そのつなぎに行うのが「間接圧迫止血」です。傷口より心臓に近い動脈を手指で押さえて血流を止める方法ですが、長時間続けるものではありません。

　鼻血の時は、鼻を強くつまみ、あごを引いて口で息をします。出血が多いなら、滅菌ガーゼを鼻の中に詰めてつまむこと。大抵はこれで止まります。頭を後ろにそると気分が悪くなるのでやめましょう。子どもの場合、つまんでいる手が疲れてきたら、もう片方の手でつまむように教えてあげましょう。

三角巾の使い方

三角巾とは

三角巾とは巻軸帯（いわゆる包帯）の仲間で、三角の形をしています。巻軸帯の巻き方は負傷した部位により異なり、初心者がそう簡単に習得できるものではありません。それに比べ三角巾の巻き方は簡単で覚えやすく、枚数さえあれば頭のてっぺんから足の爪先まですべてを覆うことができます。ネット包帯も手軽ですが、部位によって種類が異なるので応用が利きません。

　三角巾のサイズは105㎝×105㎝×150㎝のものが使い勝手がよくお勧めです。小さな子どもに用いる際は半分に折って使い

■たたみ三角巾

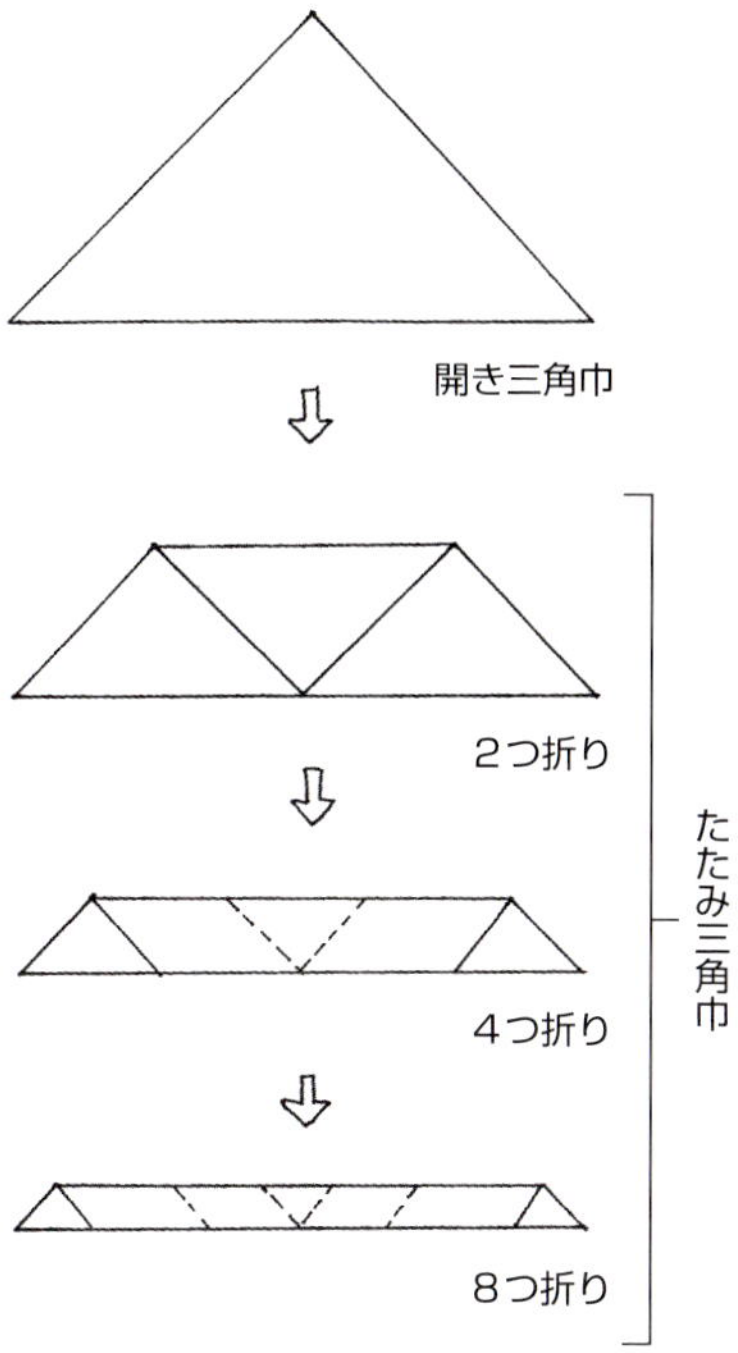

■三角巾各部の名称

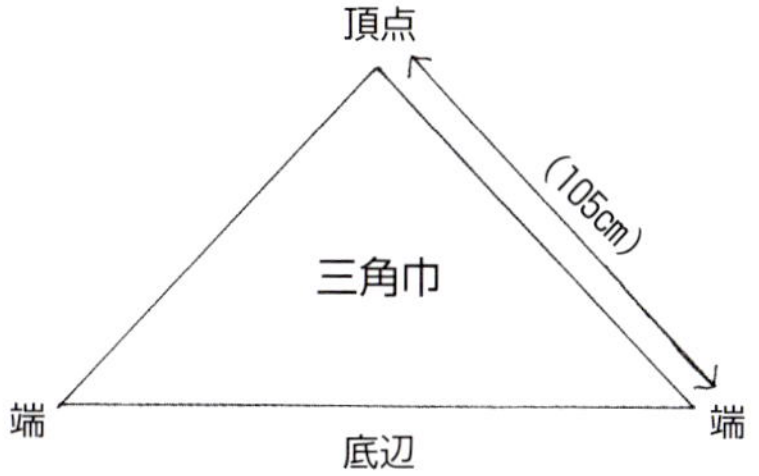

ます。包帯である以上、清潔さが大事なので、折りたたむ時も地面に置いたりせず、空中で扱います。

　ケガの場合は傷口に滅菌ガーゼを当てた後、三角巾を巻きます。その他、手や腕を吊る時、骨折時の副子の固定、出血が多い時の止血帯、いざとなれば靴底が抜けた時の補修用具としても使えます。

　ちなみに新品の三角巾は一度洗濯し、脱水した後、そのまま干して乾かすと手になじんで使いやすくなります。

4つの基本操作

そのまま開いた状態を「開き三角巾」といい、各部の名称には「頂点」、「底辺」、「端」があります。開き三角巾をたたんだものを「たたみ三角巾」と呼びます。頂点を底辺に折ったものを「2つ折り」、さらに折るごとに「4つ折り」、「8つ折り」三角巾といい、ケガした部位に応じて使い分けます。

　三角巾の基本となる扱い方には「たたむ」、「結ぶ」、「解く」、「収納する」の4種類があります。写真とともに説明していきましょう。

❶たたむ

　右手で頂点、左手で底辺の真ん中を持つ。この時、両手とも親指は外に出し、他の4指は揃えて伸ばしたまま三角巾の中に入れて、三角巾が動かないように挟む（写真A1）。手前に両手を合わせて半分に折り、左手の親指

■三角巾を「たたむ」

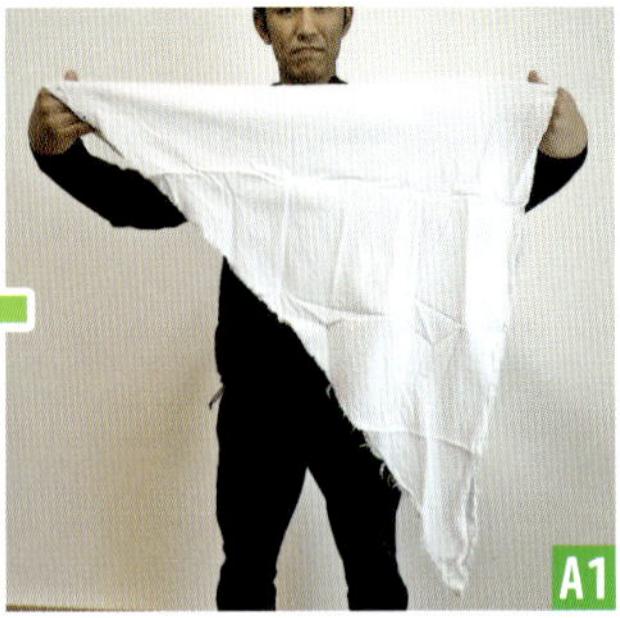

右手で頂点、左手で底辺の真ん中を持つ。親指は外に出す

手前に半分に折り、右手は奥の折り目をつまむ

つまんだ折り目をひっくり返すと、２つ折り三角巾になる

８つ折り三角巾にしたところ

で頂点の内側を押さえる。右手は三角巾の内側に沿って前方に進め、奥の折り目を親指と人差し指でつまむ（写真A２）。つまんだ折り目を手前にひっくり返すと２つ折り三角巾ができる（写真A３）。同じ動作を繰り返すと４つ折り、さらに繰り返すと８つ折り三角巾ができる（写真A４）。

❷結ぶ

自分のお腹に巻いて練習します。

８つ折り三角巾を腹部で１回からめる（写真B１）。さらに上にある端は上に、下にある端は下に行くようにからめると「本結び」ができる（写真B２）。反対にすると結びが横ではなく十字型になり、解けなくなるので注意。両方の端の先は垂れていると危ないので、三角巾の間に挟む（写真B３）。これを「末端処理」といい、必ず行うこと。

❸解く

結び目のすぐ左横の三角巾を左手でしっか

りと握る（写真C１）。左にある端を右手（逆手）で握り、思いっきり右横へ引く（写真C２）。左手は握ったまま、右手で結び目をつかみ（写真C３）、右横へ勢いよく引くと簡単に解ける（写真C４）。

■三角巾を「結ぶ」

８つ折り三角巾を腹部で１回からめる

上にある端は上に、下にある端は下に行くようにからめる

両方の端は三角巾の間に挟む

■三角巾を「解く」

結び目の左横を左手でしっかりと握る

左の端を右手（逆手）で握り、思いっきり右横へ引く

左手は握ったまま、右手で結び目をつかむ

右手を右横へ勢いよく引くと解ける

三角巾を「収納する」

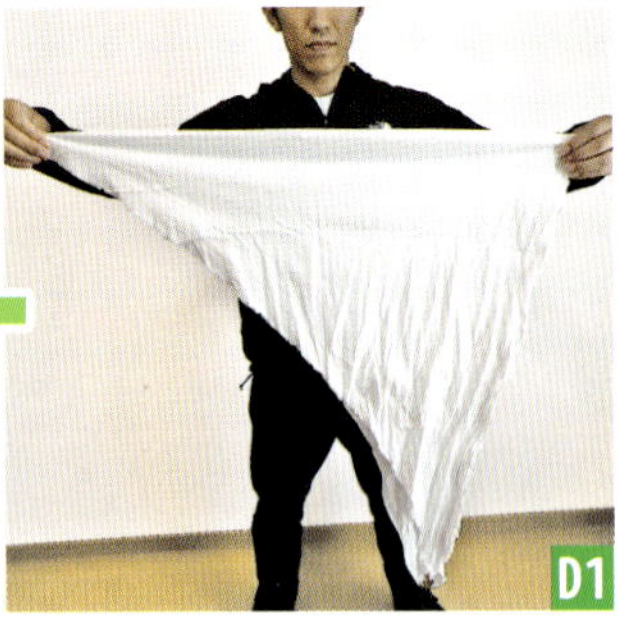

右手で頂点、左手で底辺の真ん中を持つ

左手にのせて手前から半分に折り、左手で底辺と頂点をつまむ

下に垂れた端を右手で上に持っていき、左手でつまむ

もう一度、下から上へ折り、左腕にのせる

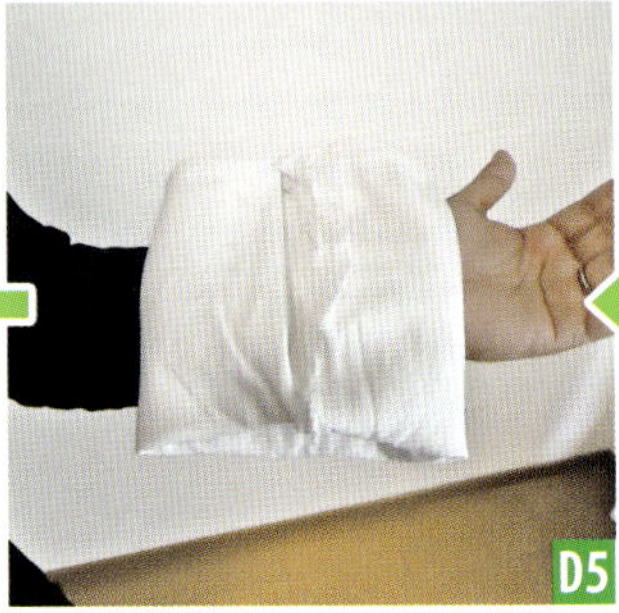

奥側と手前側を中央に向かって折る

さらに半分に折ったら終了

④収納する

右手で頂点、左手で底辺の真ん中を持つ（写真D1）。この時、たたみ方とは異なり、両手とも親指と人差し指で外側からつまむ。左腕に三角巾をのせ、頂点を左手に持っていき、左手で底辺と頂点をつまむ（写真D2）。下に垂れている両方の端を右手で上に持っていき、左手でこの両方の端もつまむ。この時、両方の端が少しはみ出るようにする（写真D3）。もう一度、下から上へ折り、左腕の上にのせる（写真D4）。今度は三角巾の奥側と手前側を中央に向けて折り（写真D5）、さらに半分に折って終了（写真D6）。

この状態で清潔なビニール袋などに入れて保管します。いざという時は、収納した三角巾の両方の端を引っ張り、広げて使用します。

腕の吊り方

開き三角巾を用いる。頂点は負傷した腕の

腕の吊り方

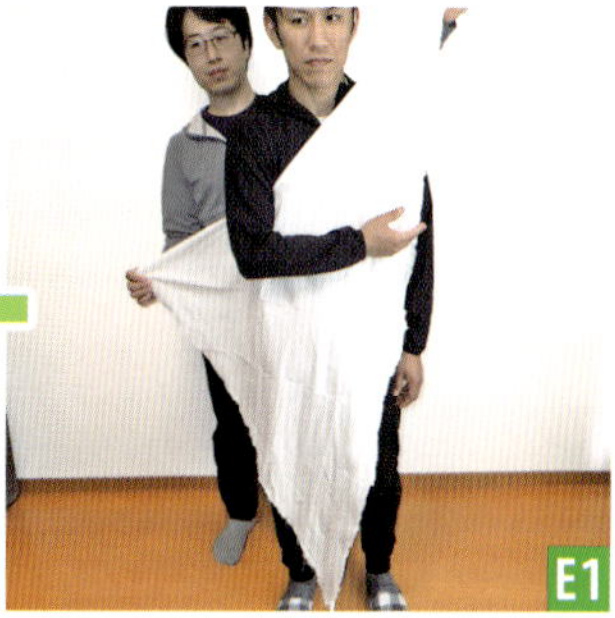

頂点は負傷した腕の肘側、片方の端は反対側の肩にかける

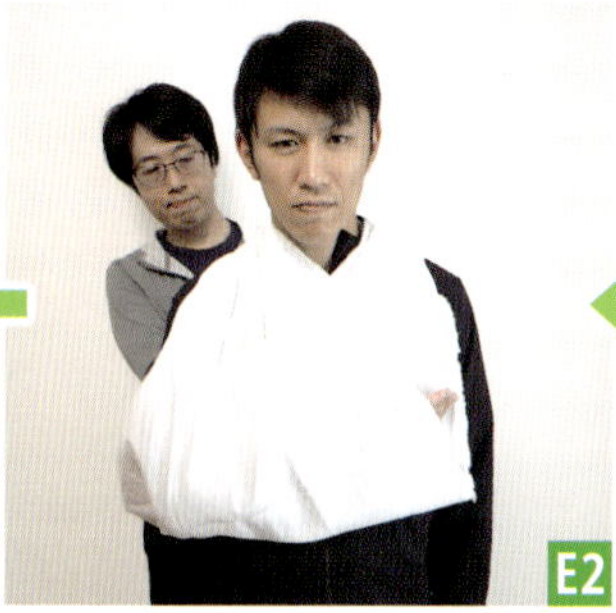

もう片方の端は、負傷した腕を包んで肩にかける

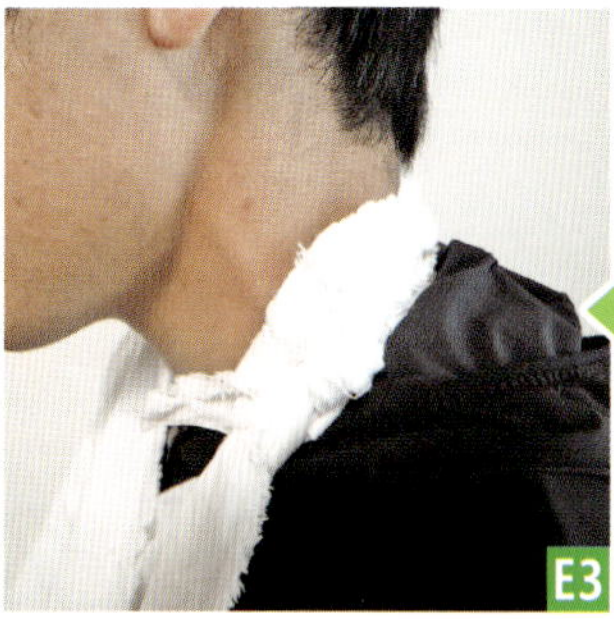

両端を首の横辺りで本結びし、余った端は結び目の下に敷く

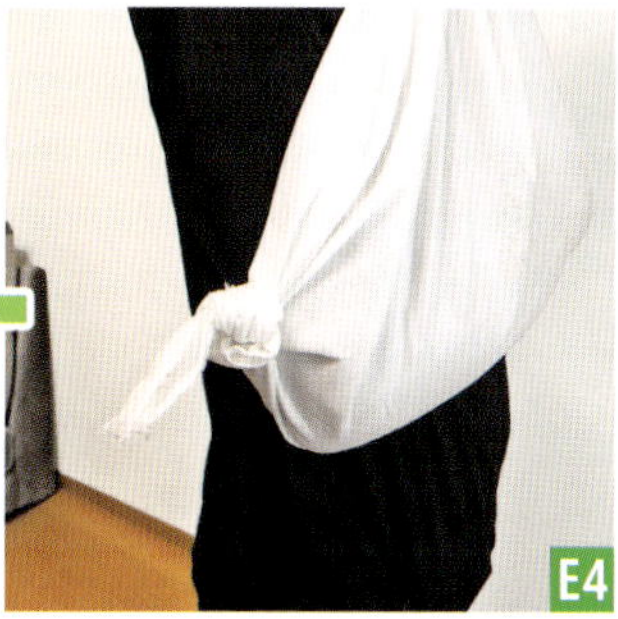

頂点はとめ結びで結んで、三角巾の中に入れておく

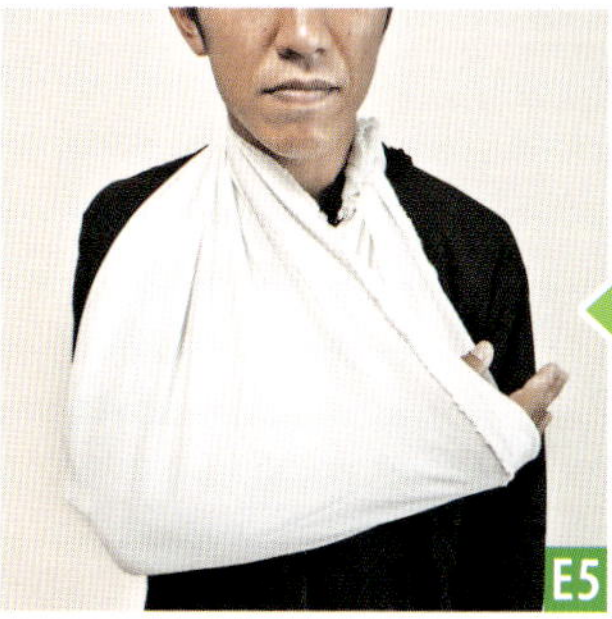

指先が見えるよう三角巾を折り返す

肘側に持っていき、指先は少し上を向くようにする。平行だと徐々に指先が下がりうっ血してしまう。片方の端は、負傷していない方の肩にかける（写真E1）。下半身に向いているもう片方の端は、前腕を包んで反対側の肩に折り上げる（写真E2）。首の横辺りで本結びし、余った端はたたんで結び目の下に敷きクッションにする（写真E3）。頂点は「とめ結び」（1回結んでコブを作る）し、三角巾の中に入れておくと肘がずれ落ちない（写真E4）。指先が三角巾で隠れる時は、外側に折り返して見えるようにし（写真E5）、事故者にうっ血などしていないか観察するように促す。

単独行ではこの方法はできません。上着の前を少し開け、そこに腕を突っ込むなどして、できるだけ固定させましょう。

■前腕を骨折した時の固定法

肘を直角に曲げて手の平を胸に向け、副子を当てる

8つ折り三角巾を骨折部の上下に巻いて固定する

前腕を骨折した時の固定法

登山の団体ツアーに参加した人などから、転倒して前腕を骨折した人が出たという話を聞くことがあります。もしもの時に備え、応急手当ての方法を覚えておきましょう。

骨折の疑いがある時は、骨折として扱い固定します。固定は、骨折部の「動揺の抑制」、動揺による「出血の防止」、そして「激痛の緩和」を目的に行うものです。自分一人で固定するのは難しいので、誰かに手伝ってもらいましょう。

三角巾3枚と、副子として用いる新聞1部があると固定できます。副子とは、骨折した部分が動揺しないよう支えるものです。骨折部の上下の関節より少し長い「長さ」、骨折部より少し狭い「幅」、そして「丈夫」なものであれば、どんなものでも副子として活用できます。手順は次の通りです。

事故者は骨折した方の肘を直角に曲げ、前腕がねじれないよう手の平を胸に向ける。新聞を折りたたんで強度を高め、手首の先から肘の先にかけて下から当てる（写真F1）。8つ折り三角巾を骨折部の上下にそれぞれ巻いて動かないよう固定する（写真F2）。後で腫れてくるので締めすぎないように。残りの三角巾で指先が少し高くなるようにして前腕を吊る（「腕の吊り方」参照）。

足首を捻挫した時の固定法

筆者は若い頃、山の中でも相当無茶なことをやっていたので、足首をよく捻挫していました。その時に役立った足首の固定法を紹介します。この方法は、足首を捻挫したものの、どうしても一人で歩かないといけない時

■足首を捻挫した時の固定法

８つ折り三角巾をかかとにかけ、足首の後ろで交差させる

次は足首の前で交差させる

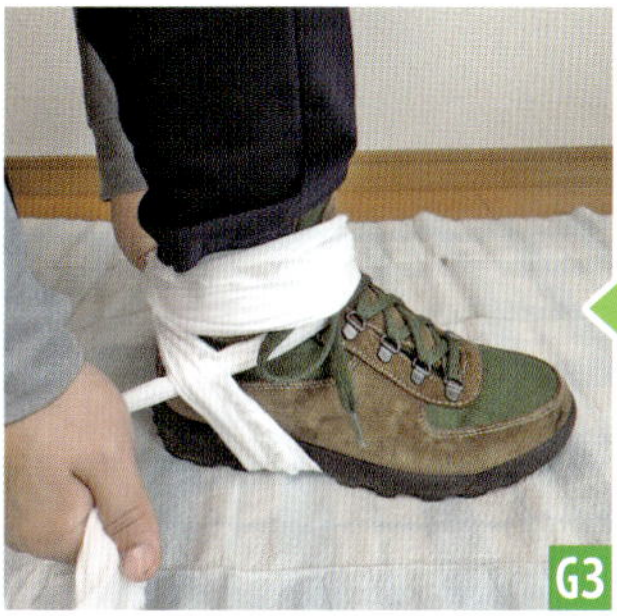

両端を最初にかけた所の内側に通し、後ろに強く引っ張る

膝をさらに曲げて突き出し、両端を思い切り前に持っていく

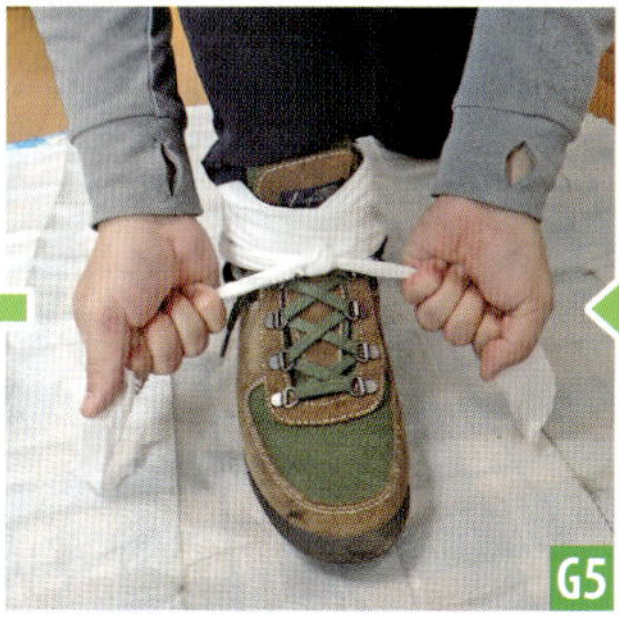

本結びできつく結ぶ（足首が動かないか確認する）

両端を末端処理する

に、靴ごと足首を固定するものです。

立ったままでは固定できないので、捻挫した方の膝を曲げ、もう片方は膝をつく。８つ折り三角巾の中央をかかとに引っかける。足首の後ろで交差させ、三角巾の両方の端を前に持ってくる（写真G１）。今度は足首の前で交差させ（写真G２）、両方の端を初めにかけた所の内側に通してたるまないよう後ろに引っ張る（写真G３）。膝をさらに曲げて突き出し、両方の端を逆手で持ち思い切り前に持ってきて（写真G４）、本結びできつく結ぶ（写真G５）。この時、足首が動くようでは用をなさないので、最初からやり直す。両方の端は引っかかると危ないので必ず末端処理する（写真G６）。

15

山でのマナー

周りに迷惑をかけない

山では何をするにも自己責任。他人の手を煩わせることは避けたいものです。そのためにも、本書で紹介しているような最低限の知識・技術は身につけておきましょう。

いざという時は助け合う

人に迷惑をかけないよう気をつけていても、急病になるなど突発的なトラブルが発生することもあり得ます。このような場合、自分だけではどうしようもありません。当たり前ですが、困っている人を見かけたら手を差し伸べることが大切です。

道は譲り合う

山道で人とすれ違う時は上り優先といわれることもありますが、どちらが先に通るべきかは年齢、人数、疲労の度合いなど、その場の状況によって異なります。上り優先と決めつけるのではなく、譲り合いの心を持って通りましょう。なお、道を譲る時、谷側によけると滑落の恐れがあります。山道の状況をよく見て、安全な所で待ちましょう。

あいさつは気持ちよく

町なかで見知らぬ人に突然あいさつすると、不審に思われてしまいます。でも、山では「こんにちは」と声をかけると、ほとんどの場合、相手からも「こんにちは」と返ってきます。ただし、相手が団体の時は大変なので一人ひとりに声をかけなくてもよいですし、疲れている時は会釈だけでも構いません。

オキナグサの花

標識は動かさない

初心者にとって標識は大切な目印です。もし誘導標識が違う方向を指していたら道に迷ってしまいます。標識は勝手に動かさないこと。ただし、風などの影響で標識が倒れていた場合、その山を熟知している人であれば、正しい位置に戻すのは問題ないでしょう。

独り占めしない

たまに山頂表示の前で食事している人たちを見かけます。これは記念写真を撮りたい人たちの邪魔になるのでやめましょう。同様に、他にも人がいるのに、展望がよい所に長時間居座ることもＮＧです。また、貴重なもの、例えば絶滅の危機にさらされている植物などは大切にするとともに、間違っても持ち帰ってはいけません。

騒音を出さない

歩きながら大音量でラジオや音楽を聞く人、子どもたちにハンドマイクでしょっちゅう注意する引率者、また時には山頂でカラオケを歌う人と遭遇することもあります。正直にいって、とても耳障《みみざわ》りです。どんな時にも周りへの配慮は欠かさないようにしたいものです。

ゴミは持ち帰る

出かける前、ゴミになりそうなものは置いていく。山で料理をする時は下処理をしておく。食べきれる量だけを持っていく……。なるべくゴミを出さない工夫をすることは、荷物の軽減にもつながります。当然のことですが、ゴミはすべて持ち帰り、「来た時よりも美しく」を心がけましょう。

16 次の山歩に備えて

ウォーキング
1日に20〜30分程度の速歩きを取り入れると、さらに効果的

動ける体づくり

20代以降、体力は少しずつ落ちていくものです。人間の「行動体力」のうち、山歩きでは、敏捷《びんしょう》性はそれほど重要ではありませんが、それ以外の筋力、バランス能力、柔軟性、全身持久力が求められます。とはいっても、激しいトレーニングをする必要はありません。無理せず毎日続けられることから取り組んでみましょう。

全身持久力を高めよう

山歩きでは特に、長い時間にわたって全身運動を継続することができる「全身持久力」が必要です。そのために有効かつ始めやすいのは「ウォーキング」、「水泳」、「自転車」、「階段歩き」の4種でしょう。

「ジョギング」もありますが、普段走って

自転車

普段の移動手段である自転車も、脚力と心肺能力を高める立派なトレーニングに

水泳

ゆっくり長く泳ぐと持久力が高まる。膝が悪い人には特にお勧め

いない高齢者の場合は膝を痛めることがあるので、あまりお勧めしません。それに比べると「ウォーキング」は安全性が高く、手軽にできる運動です。

ウォーキングは真っ直ぐな姿勢で顔は正面に向け、山の歩き方とは逆に大股で、手を軽く伸ばして前後に振ります。かかとから着地して、爪先で蹴り出しながら元気よく歩きましょう。目安としては1日1万歩程度でしょうか。歩きすぎても効果は上がらないので、その分、筋力や柔軟性などを強化する別の運動に時間を割く方が効率的です。

毎日同じコースを歩くのもよいですが、興味があるものを探しに遠出するなど目的を決めて行うと、知らず知らずのうちに思っていた以上の歩数を稼ぐことができます。常に歩数計（万歩計）を携帯し、時々確認することで達成感ややる気が湧いてきます。なお1日のうちで、20～30分程度続けて速足で歩くと

階段歩き

余裕があれば１段飛ばしで上ると、さらに太ももの筋肉を鍛えられる

効果が上がります。

小高い緑地の公園、海岸の砂浜、砂利道など、色々な所を歩いてみるのもいいですね。重い靴を履く、重い荷物を持つなど、工夫を凝らして歩くことで、筋力やバランス能力の向上につながります。

「水泳」については、泳ぐだけでなく、水の抵抗を受けながら水中を歩くとバランス能力が養えます。「自転車」は、太ももの筋肉を意識しながらゆっくりと漕ぐことで脚力がつきます。「階段歩き」は、1段飛ばしで上るとさらに効果的ですが、無理は禁物。階段を下る時は膝に負担をかけたり、転倒したりしないようにゆっくりと。膝に不安がある人は無理をせず、エスカレーターなどを利用しましょう。

筋力の維持・強化

全身持久力もさることながら、人並みの筋

■腕立て伏せ（深く）

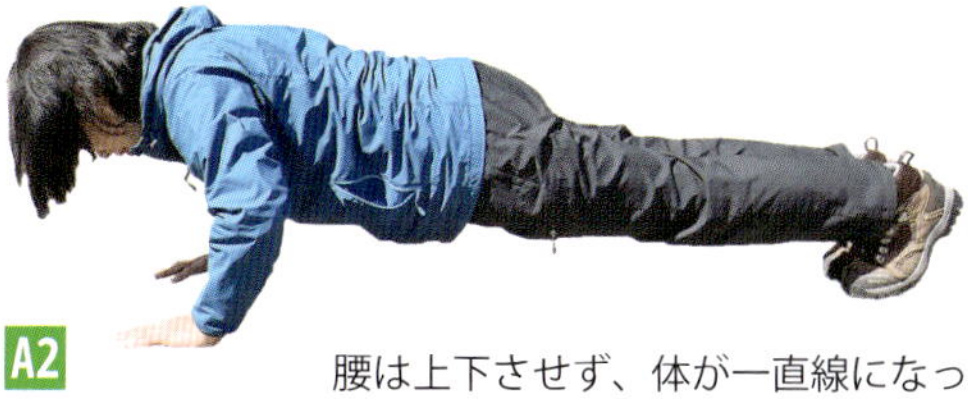

腰は上下させず、体が一直線になっていることを意識しましょう

■腕立て伏せ（壁を使って）

力があれば自信と安心感が生まれ、いざという時にも落ち着いて対処できます。

今から山歩きを始めようと考えている中高年の方、普段運動をしていない人のために、道具を使わず、どこでもできる運動を6種類紹介します。

目安としては、それぞれ10回ぐらいから始め、無理のない範囲で回数を増やしてみましょう。毎日ではなく週に2〜3日程度でも続けていけば効果が出ます。

❶腕立て伏せ（上腕・胸部の運動）

地面に両手を肩幅より少し広めに置き、両足は揃えて後ろに伸ばす（写真A1）。鼻で息を吸いながら腕を曲げ（写真A2）、口をすぼめてゆっくりと息を吐きながら腕を伸ばす。これを繰り返す。最初は深く曲げず、浅く曲げ伸ばしするとやりやすい。

これでもきつく感じる人は、立ったまま壁に両手をつき、腕を曲げ伸ばしすることから

■かかと上げ

E1

E2

上げ下げの時、常にふく
らはぎの筋肉を意識する

■スクワット

D1

D2

お尻を後ろに引き、膝が
前に出すぎないように

■手のグーパー

C1

C2

開く時は、すべての
指をしっかり伸ばす

■もも上げ

F1

F2

腹筋で足を引き上げるイメージで

始めるとよいでしょう（写真B1・B2）。

❷手のグーパー（手指・前腕の運動）

両腕を前に真っ直ぐ伸ばし、手の指を開く（写真C1）。この状態からしっかり握り（写真C2）、またしっかり開く。これを繰り返すことで、手指と前腕の筋肉を強くします。

❸スクワット（太ももの運動）

立ったまま足を左右に開き、両手は頭の後ろで組む（写真D1）。上体は真っ直ぐのままお尻を後ろに引き、鼻で息を吸いながら深く曲げ（写真D2）、口をすぼめてゆっくり息を吐きながら元の姿勢に戻す。これを繰り返す。

曲げた時、膝が前に出すぎないよう注意しましょう。慣れないうちは、ちょっとだけ曲げて、太もも前面の筋肉に刺激を与えるだけでもよいでしょう。

❹かかと上げ（ふくらはぎの運動）

立ったまま足を肩幅に開き、両手は頭の後ろで組む（写真E1）。両方のかかとを上げて爪先立ちになり（写真E2）、ふくらはぎの内側の筋肉に緊張を与え、かかとを下ろす。これを繰り返す。

❺もも上げ（腹部の運動）

立ったまま足を肩幅に開き、右手を前に出して肘を曲げる（写真F1）。左足の膝を曲げながら上げ、右肘にゆっくりくっつける（写

■背起こし

上体は真っ直ぐのままで

真F2）。この時、口をすぼめてゆっくり息を吐き、お腹に力を入れながら腹筋で左足を引き上げるイメージで。これを左右交互に繰り返す。

❻背起こし（背中の運動）

　立ったまま足を左右に開き、両手は頭の後ろで組む（写真G1）。上体を真っ直ぐ保ったまま、直角になるまで、鼻で息を吸いながら前に倒す（写真G2）。口をすぼめてゆっくり息を吐きながら上体を起こし、背中をピンと張る（写真G3）。これを繰り返す。

関節・筋肉を柔らかく

　中高年の場合は特に関節や筋肉が硬くなりがちです。第9章「山道の歩き方」で山歩きの前後に行う体操を紹介しましたが、普段から毎日、少しずつストレッチを行うことで柔軟性が高まり、ケガの予防にもつながります。

　ストレッチは真っ直ぐな姿勢で行うことが

基本です。姿勢がよくないと効果が半減するだけでなく、ギックリ腰など腰を痛めることがあります。

手首、首、肩、左右の足首、膝、股関節、腰の順に、関節を大きく、ゆっくりと回してほぐします。速く動かすと筋肉が縮み、特に寒い時期は筋肉を痛めてしまうので要注意。部位によって異なりますが、8呼間（1から8まで数えながら動かすこと）を2回、もしくは4回行うとほぐれてきます。肩の関節が硬く回しにくい人は、肩を上げ下げするだけでもよいでしょう。股関節は回すというより、足を大きく開いて膝を深く曲げることで伸ばすことができます（75ページの準備体操⑤）。腰は、いきなり回すと痛めることがあるので、最後に行いましょう。

次に筋肉を伸ばしていきます。やり始めたらきりがないので、特に伸ばしておきたい、もしくは硬くなっている個所を選んで伸ばすようにするとよいでしょう。ポイントは、鼻で息を吸い、口をすぼめて息を吐きながら、心地よい痛みを感じる所まで伸ばし、そこでしばらく止めて伸びているのを体感することです。1つの動作にかける時間は、深呼吸ではなく、普通の呼吸で6回程度を目安にしましょう。最後に軽く各関節を回しておくと、より体がほぐれます。

ここまで、動ける体づくりについてお話してきましたが、時間が作れない、私にはできないと思っている人がいるかもしれません。そういう人は、とにかく簡単なことから始めてみましょう。1つ手前のバス停で降りて歩く、ラジオ体操をしっかり行う、電車内で吊り革につかまり、バランス感覚や握力を高める、お風呂に入ったついでに関節をほぐす……。ちょっとしたことの積み重ねが、山を歩く時の安全、自信につながります。

車内立ち

揺れる車内でバランスを保つことで体幹も鍛えられる

技術を磨く

道具の使い方に慣れておこう

ザックカバーやスパッツを取り付ける、レインスーツのズボンを履く、ストックや三角巾、山用コンロを使う……。そのためには、日頃から扱いに慣れておく必要があります。特にレインスーツやザックカバーは、突然の雨でも慌てることがないよう、しっかりと練習しておきましょう。

読図しながら町を歩いてみよう

携帯電話の地図や情報に頼らず、紙の地図とコンパスを使って町を歩くことで、地図を読む力が向上します。

目的地を定め、分岐や交点などがある複雑なルートを歩いてみるとよいでしょう。途中で駅、神社、橋などの目標物を探す、振り

羽金山の頂上。中央に立つのは
高さ200mの傘型アンテナ

返って反対側の景色を覚えておく、現在地を確認するなど、様々な要素を盛り込んで歩くと、楽しさも増します。歩いてきた道を迷うことなく引き返すというのもよい練習です。

距離や高さの感覚を養う

距離や高さの測り方を身につけておくと、何かと役立ちます。自分が10ｍを何歩で歩くかわかっていれば、距離を測ることができます。これを「歩測《ほそく》」といいます。長い距離を測る場合、1歩ずつ数えるのは大変なので、2歩を1歩として数えます。これを「複歩《ふくほ》」といいます。

また、自分の体の寸法、例えば身長以外にも、手の指先から肘までの長さ、手を横に広げた時の長さなどを知っていると、長さを測る時に役立ちます。

高さについて考える場合、例えば建物の1階分はおよそ3ｍです。10階建てなら約30ｍとなります。高層ビルを見て、高さに対する感覚を養うことができます。

また、高層建造物の高さを覚えておくと、比較の基準になります。例えば、福岡タワー（全長234ｍ）、羽金山《はがねやま》（糸島市）の傘型アンテナ（地上高200ｍ）などです。

自分に合った体調管理を

健康面を語る時、「一般的には」などとよくいいますが、個人差があるので、自分に合った体調管理を見つけることが大切です。

食事については、栄養バランスもさることながら、おいしく、食べすぎずにいただくことが何よりです。どんな栄養素が不足しているか、恐らくほとんどの人はご自分で何となく自覚しているでしょう。それをどう補うかは自分自身にかかっています。

体重をコントロールするのに一番手っ取り

立花山方面の展望（米ノ山展望台〔篠栗町〕より）

早いのは、毎日体重計に乗ることです。数値ではっきりと確かめられるので、それに合わせて食事と運動を調整します。

睡眠時間についても、人によってまちまちです。目覚めのよさや疲労感の抜け方などを基準に、自分に合った睡眠時間がどれくらいなのかを把握しておくとよいでしょう。

体力には、冒頭で紹介した「行動体力」ともう1つ、「防衛体力」があります。これは免疫力や抵抗力のことです。体を冷やしすぎないようにする、自分に合った睡眠をとる、適度な運動を行うなど、ちょっとした工夫で免疫力が高まり、風邪などもひきにくくなります。ちなみに、あまり激しいトレーニングをすると免疫力は低下するといわれています。

山歩に出かける数日前から、そして特に前日は、寝不足や深酒を避け、食事と水分補給に気をつけること。そして当日は万全な体調で臨み、思う存分、山を楽しみましょう！

第2部

山歩の一日

さあ、歩いてみよう

天拝山山頂の展望台

これから山歩を始める人にお勧めの山といえば、真っ先に思い浮かぶのが天拝山です。整備が行き届いていて、足元がよく、見所もたくさんあります。何より、人とよくすれ違うので、安心して歩くことができます。
体験活動協会 FEA の社会人リーダーである宮田賢・淳子夫妻にご協力いただき、山歩きの基本を意識しながら、晩秋の天拝山の山歩を楽しんでみました。

＊コース解説の便宜上、登山口・分岐・交点に番号や記号を付けています。

山歩の一日

天拝山

てんぱいざん／筑紫野市／標高257m

写真１：初夏の天拝山（二日市駅立体駐車場の屋上より）

写真２：二日市駅東口側の改札口

天拝山とは

天拝山は、菅原道真公《みちざね》（以下「菅公《かんこう》」と略す）ゆかりの山だ。大宰府に左遷されたのち、無罪を訴えるため、毎日のように山頂から京に向かって拝んだことに由来するという。天判山《てんぱんざん》とも呼ばれ、天拝山城（天判山城）の城跡でもある。

歩き始める前に

某年11月下旬、ＪＲ鹿児島本線二日市駅《ふつかいち》

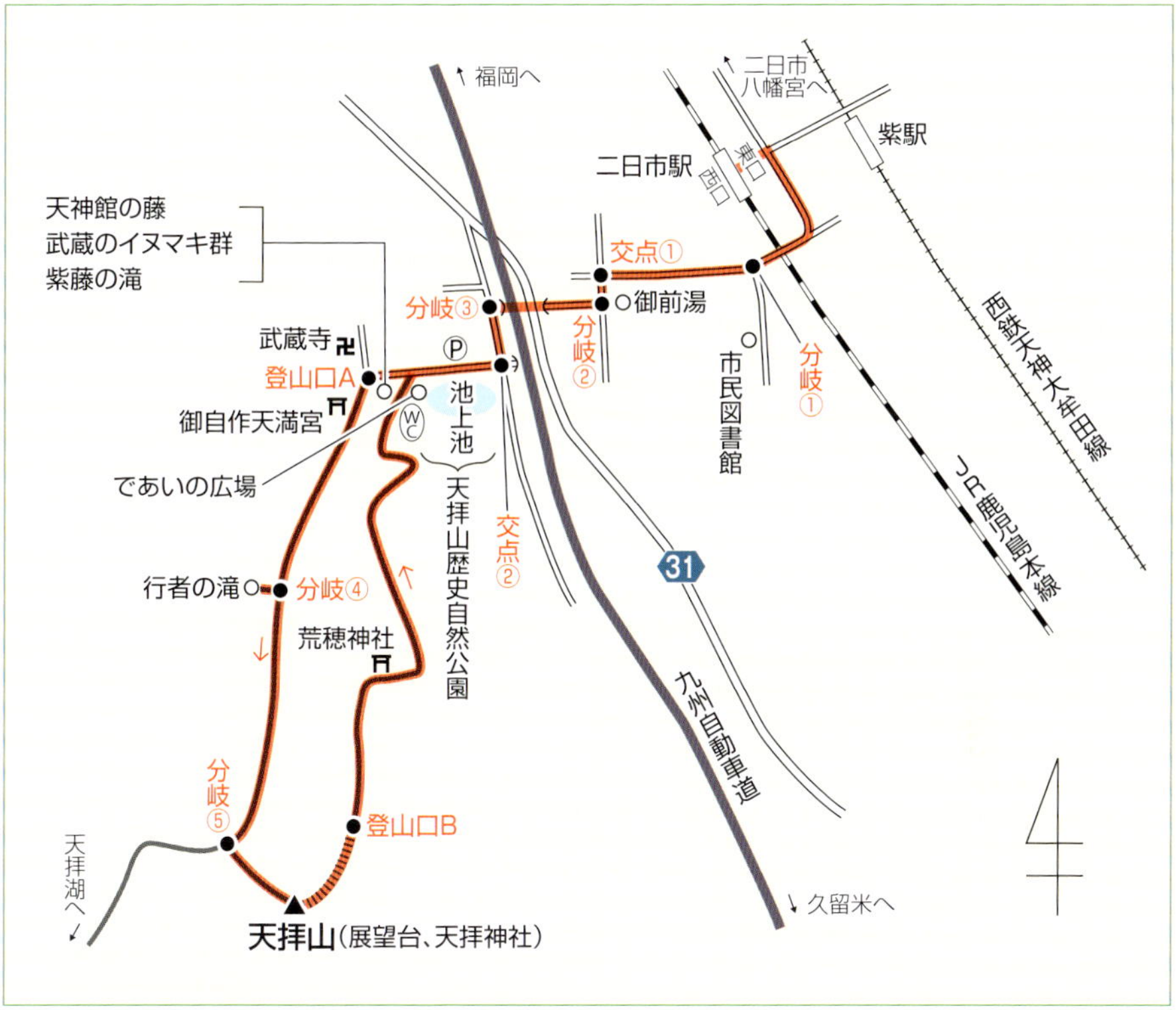

現地までの交通　JR鹿児島本線二日市駅で下車
出発地　二日市駅（山頂との標高差：220m）
参考タイム　二日市駅▶30分▶であいの広場（天拝公園）▶30分▶行者の滝▶20分▶天拝山▶25分▶荒穂神社▶30分▶であいの広場▶30分▶二日市駅

（以下「二日市駅」と略す）の東口側の改札口前で宮田夫妻と待ち合わせた（写真2）。改札口が複数ある駅の場合は間違わないよう注意が必要だ。この日はダイヤが乱れていたが、約束の時間より前に到着された。集合時の服装は、帽子、長袖の上着と長ズボン、長めの靴下、そして軽登山靴。装備は前日リュックに詰め、睡眠と食事もきちんととられていた。

もしグループで集合する場合は、近くに西鉄天神大牟田線の紫《むらさき》駅があり、二日市駅には立体駐車場もあるので、それぞれ都合のよい手段で集まることができる。立体駐車場の屋上からは、天拝山の山姿を眺めることができる（写真1）。改札口付近で名産品、温泉、季節の祭りなど、山歩に役立つ情報も得られる。

歩き始める前に、地形図、シルバ

写真3：踏切を渡り分岐①（右へ）

写真4：交点①（左へ）

写真5：分岐②（右へ）

写真6：県道31号の高架下をくぐる

コンパスと高度計で現在地と進行方向を確認した。山頂との標高差は220m。まずウォーミングアップがてら、天拝山歴史自然公園（以下「天拝公園」と略す）まで歩くことにした。出発時刻は10時。この先、立ち止まった時や休憩の時など、こまめに記録をとってもらった。

駅をスタート

東口側改札口から車道に出て、舗装された平坦道を右へ。ウォーキングの調子で速く歩くと後でバテてしまうので、スピードに気をつけた。

踏切を渡り、すぐの分岐①（写真3）は右へ。特に分岐や交点では必ず後ろを振り返って確認した（行きと帰りでは景色が変わり、道迷いの原因となるため）。左手に天拝山が見えてきた。森がこんもりしていて、自然が豊かなことがわかる。高山とは異なり威圧感

写真7：階段上りすぐの分岐③（左へ）

写真8：交点②（右へ上る）

写真9：天拝公園の池上池

写真10：であいの広場（天拝公園）

がなく、優しく迎えてくれる雰囲気が漂っている。

交点①（写真4）は左へ。角に猿《さる》田《た》彦《ひこ》大神の石碑がある。歩く時の目印は、このような石碑、学校、交番など、なくなりにくいもので覚えておくとよい。交差点の名称は突然変わることもある。

少し先の分岐②（写真5）は右へ。そばに二日市温泉の御前湯と博多湯がある。湯町という地名だけあって硫黄の匂いが漂う。

県道31号（写真6）、九州自動車道の高架下をくぐって、すぐの階段を上り、分岐③（写真7）を左へ。天拝公園への標識を利用しながら歩いた。

ふもとの天拝公園に到着、準備体操

交点②（写真8）を右へ向かい、ゆるい坂を上った。池上池（写真9）が見え、まもなく天拝公園の「であいの広場」（写真10）に着

いた。二日市駅から30分ほど。車の時は、公園の駐車場にとめて歩くのもいいだろう。九州自動車道筑紫野ICまたは二日市駅から10分弱。園内にはトイレ、水道、屋根のある休憩所、広場などがある。四季折々の植物が植栽され、ツツジの名所にもなっている。

空を見上げて天気を予測した。曇っているが、西の空には晴れ間があった。今日1日の

写真11：ふくらはぎとアキレス腱伸ばし

写真12：靴紐の端を靴紐の間に挟む

実際の天気は曇りのち晴れ。木陰は冷えていたが、日が差す所は暖かかった。天気予報とはだいぶ違い、好天に恵まれた。

ケガの予防と、はやる気持ちを落ち着かせるために準備体操を行った。首、肩、足首、膝、股関節、腰の順にほぐし、ふくらはぎとアキレス腱をゆっくり伸ばし（写真11）、最後に背伸びをしながら深呼吸で3分程度。

上りでは寒い時期も汗をかくことがあるため、中に着ている服を1枚脱いで、少し肌寒いぐらいに調整しておいた。山から下ってくる時や、平坦道を歩く時は寒くない服装に変えるとよい。

リュックは、肩のベルトがゆるすぎると、荷物が重く感じ、隙間に枝などが引っかかって転倒につながるので、背中に密着するように締めた。

靴紐の端をそのままにしておくと解けやすいので、靴紐の間に挟んでおいた（写真12）。

写真13：天神館の藤

写真14：武蔵のイヌマキ群

写真15：紫藤の滝

写真16：武蔵寺

これを末端処理といい、紐や三角巾などで用いる。

　トイレはなるべく山を上り始める直前に行くことにしている。これは歩いたり、体操したり、準備などで体を動かしたりすると利尿作用が働くためだ。

登山口周辺を散策

　登山口Aまで5分ほどだが、途中に見所があるので立ち寄ることにした。西へ向かうと「天神館の藤」という藤棚（写真13）があり、その向かい側に県内ではとても珍しいイヌマキ群落（写真14）がある。寄せ植えされたもので、「武蔵《むさし》のイヌマキ群」として県の天然記念物に指定されている。

　そのそばに、官公が天拝山に上る前に体を清めたと伝わる、小さな「紫藤《しとう》の滝」（写真15）がある。向かって左の岩が、官公が衣を掛けたとされる「衣掛《ころもが》け岩」だ。

写真17：武蔵寺と長者の藤

写真18：御自作天満宮の紅葉

写真19：御自作天満宮の新緑

写真20：登山口A

近くに九州最古の寺といわれる武蔵寺《ぶぞうじ》（写真16）がある。二日市温泉が発見されたのは、この寺のご本尊の薬師如来の霊夢によると伝わる。境内には大きなクスノキをはじめ、四季を彩る樹木が植えられている。なかでも「長者の藤」（写真17）は、筑紫野市の天然記念物になっている。なお「紫藤の滝」の名はこの藤に由来するといわれる。

武蔵寺の隣には、官公自作の像がご神体という御自作《ごじさく》天満宮がある。境内の紅葉（写真18）と新緑（写真19）はとても美しい。

いよいよ山道へ

いろいろ観賞して回った後、御自作天満宮左手の登山口A（写真20）から山道を上り始めた。ここからは要所に誘導標識や歌碑が設置されている。膝を柔らかく使い、歩幅を狭くし、踏みしめるように上っていった。なるべく段差が小さい所に足を置き、心持ち蛇行

写真21：踏みしめながら蛇行して上る

写真22：尾根道（左は植林、右は自然林）

写真23：分岐④（右下へ）

写真24：行者の滝

しながら歩くと疲れにくい（写真21）。

もしストックを使うなら、この先の「行者の滝」から山頂への上りは短く、山頂から登山口Bまでの下りは長く、それ以外の道は肘が直角になる長さにすると歩きやすい。

さて、登山口Aからのややきつい坂の石段はすぐ終わり、土の尾根道となる（写真22）。道の左側はスギ、ヒノキ林で、右はコナラ、ヤブツバキなどの自然木だ。ヒヨドリ、メジロ、ヤマガラなど、1年中いる野鳥の声もよく耳にした。人とすれ違う時は、「こんにちは」と軽く挨拶を交わし、道を譲り合った。

分岐④（写真23）を右へちょっと下ると、登山口Aから25分ぐらいで「行者の滝」（写真24）に着いた。最初の休憩をとるには、ちょうどよい時間と場所だ（写真25）。他の人の邪魔にならない所で現在地の確認を行い、体調チェック、服装の調整、行動食や水分の補給、記録を行った。

写真25：最初の休憩（行者の滝）

写真26：９合目の分岐⑤（左へ）

写真27：天拝山山頂（天拝神社と展望台）

写真28：おつま立ちの岩

分岐④に戻り右折し、滑りそうな赤土、木の根、落ち葉が積もったような所はなるべく避けながら足を運んだ。行動食はすぐ取り出せるようポケットに忍ばせ、時々口にした。秋も深まり、アオキの赤い実、イヌビワの紅葉なども見かけるようになってきた。山の森はパッチワークのようで、同じ山でも歩くコースによって、開花や紅葉の進み具合、出会う動植物が異なる。また、別の季節の様子を想像しながら歩くと、次に訪れる時の楽しみも増える。

山頂に到着！　眺望と昼食を楽しむ

前方が開けて明るくなってきたら、9合目に当たる分岐⑤（写真26）に着いた。左に向かい、きつい坂を少し上り詰めると、12時前に天拝山山頂（写真27）へ到着した。行者の滝から20分ほど。

山頂には官公を祀る天拝神社（菅原神社）

写真29：山頂展望台からの眺望
（左は四王寺山、右は三郡山地）

があり、この辺りが天拝山城址に当たる。すぐ近くに官公が立って京を拝んだとされる「おつま立ちの岩」（写真28）も残っている。展望台があり、その下で日よけ、雨宿りができる。空が澄み、視界がよかったので、展望台の上から能古島など福岡湾の島々、立《たち》花山《ばなやま》、井野山《いのやま》、四王寺山《しおうじやま》、三郡《さんぐん》山地、大根地《おおねち》山《やま》、宮地岳《みやじだけ》（筑紫野市）、砥上岳《とがみだけ》の山々、そして水城《みずき》跡、大宰府政庁跡などを一望できた（写真29）。

備え付けの温度計を見ると、日向と日陰の気温差は8℃。この時期にしては気温が高かったので、食事は神社の日陰でとることにした（写真30）。

下山はゆっくりと

山頂からの下り（写真31）は、400段ほどの丸太階段が続く。階段は1段を1歩で下る必要はない。足踏みするような感じで2歩

写真30：食事風景

写真31：山頂からの下り始め（すぐ400階段）

写真32：登山口B

写真33：山道（左に入ると荒穂神社）

にすることもあった。下りは上ってきた時より、さらに歩幅を狭くして〝きざむ〟感じで足を運ぶよう心がけた。歩行ペースが速いと、滑って大ケガをしたり、着地の衝撃で膝を痛めたりするので、ゆっくりと下った。後ろを振り返ると、道の傾斜はかなりきつい。同じ坂道でも、上りより下りの方がゆるく感じる。逆回りで歩いた方が楽なのではと勘違いしないように。長い階段が終わると登山口B（写真32）に下り立った。

ここから先は道幅が広くなり、足元がよい下り坂となる。このような危険がなく整備された道の時は、黙々と歩くより、会話をしながら歩く方が疲れも感じにくい。周囲に目を向けると、樹木の群生がヤブツバキ、コナラ、シイノキに移り変わることに気づく。見下ろすので下りの方が樹木を観察しやすい。逆に野鳥は上る時の方が目に入りやすい。

山道の途中から左にちょっと入り（写真

写真35：ご神体の大岩

写真34：荒穂神社の紅葉

写真37：整理体操

写真36：鳥居をくぐり、その先から右の脇道へ

33）、荒穂神社（写真34）に寄った。山頂から約25分。紅葉を堪能し、ついでに社殿のすぐ後ろにある、ご神体の大岩（写真35）も見学した。

再び山道に戻り下っていった。この整備された道を散歩やウォーキングで往復する人が多く、頻繁にすれ違った。

道なりに下り、大きな鳥居（写真36）を過ぎて途中から右の脇道に入り、南側広場を通り抜け、荒穂神社から30分ぐらいで「であいの広場」に辿り着いた。

整理体操後、帰路につく

先にトイレを済ませ、疲れが残らないよう、準備体操に体側伸ばしと胴体ひねりの動作を加えた整理体操（写真37）を行い、もと来た道を二日市駅まで引き返した。駅に着いた時刻は14時。今年の秋は気温が高いため紅葉が遅く、晩秋だったが所々で紅葉を観賞す

写真38：紅葉（天拝公園内で）

写真39：二日市八幡宮の紅葉

ることができた（写真38）。

せっかくなので二日市駅から徒歩5分ほどの所にある二日市八幡宮にも立ち寄った。境内は狭いが、クスノキ、エノキや藤棚があり、特に9本ほどあるイチョウのうち1本はご神木の大木で、きれいに紅葉していた（写真39）。筑紫野市の天然記念物でもある。

宮田夫妻には帰宅後、山歩の記録をまとめてもらった。歩いている最中、こまめに残した記録を整理してみると、思っていたより素晴らしい記録にまとまったとのこと。次回、違う季節に訪れることを楽しみにされていた。

一口メモ

❶人通りが多い道を安心して歩きたいのであれば、天拝公園から登山口Bを経由して天拝山に上り、往復するのもいいだろう。ただし整備された道だけを歩くことになる。

❷二日市駅または紫駅に帰る途中、御前湯、博多湯でひと風呂浴びることができる。

❸毎年9月、天拝山山頂および天拝公園で、中秋の名月の観月会が催されている。

❹武蔵寺では毎年4月下旬頃、長者の藤まつりが開かれている。

第3部

練習コース

ビギナーでも安心の8コース

四王寺山全景（大宰府政庁跡より）

最後に、８つの練習コースを紹介します。

第１部６章の「初心者にお勧めの山24選」の中でも、特に安心して歩ける８山です。山を歩く人とよくすれ違うこと、公共交通機関と自家用車のどちらでもアクセスできることを選定の基準としています。

県内各地域の山を取り上げているので、ぜひお近くの山からチャレンジしてみてください。

＊コース解説の便宜上、登山口・分岐・交点に番号や記号を付けています。

練習コース 1

立石山

たていしやま／糸島市／標高209m
歩行時間の目安：１時間45分

▲写真１：立石山（芥屋海水浴場より）
▼写真２：芥屋の海岸全体を見下ろす

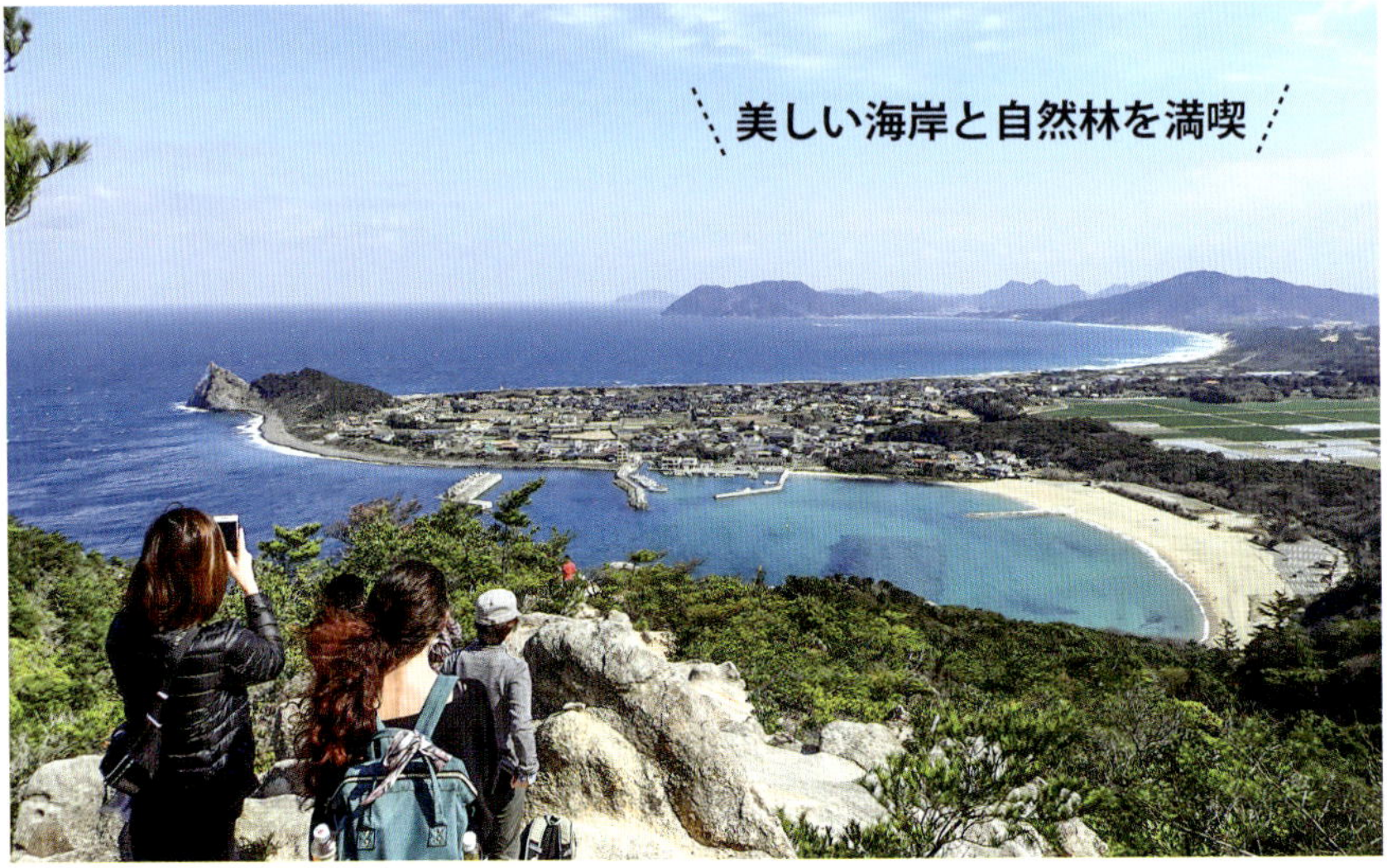

糸島半島の西端に位置する立石山は、玄海国定公園内にあり、自然林の中を歩くことができる。美しい海に囲まれており、芥屋《けや》海水浴場は環境省の「快水浴場百選」に選ばれている。

ＪＲ筑肥《ちくひ》線筑前前原《ちくぜんまえばる》駅から糸島市コミュニティバスに乗車し、終点の芥屋で降りる。車で訪れる時は、バス停そばの芥屋海水浴場駐車場にとめる。山頂との標高差は200m。トイレ、周辺には飲食店もある。

駐車場からまず海水浴場の方へ向かう。夏は海水浴客で賑わうが、シーズンオフは海の家はなく、白砂ときれいな海を堪能できる。正面に見えるのが立石山（写真1）で、露出した花崗岩《かこうがん》が目立つ。歩き始めて10分ほどで登山口Ａ（写真3）に着く。山頂まで割ときつい坂の山道を上る。

分岐①は右の道を進む（写真4）。ヒメユズリハ、ハマビワなどの海洋性樹木やシダ類が

写真4：分岐①（右へ）

写真3：登山口A（ここから上り始める）

多い。時々後ろを振り返ると、高度が上がるごとに展望の変化を楽しめる（写真2）。

大岩の鳥居を過ぎると、まもなく**立石山山頂**に到着する。登山口Aから約40分。夏は赤紫の花びらに米粒が2つ並んだようなママコナの花が咲く。山頂からは姫島が眼前に見える。

10分ほど南東へ行くと、**ピーク②**（写真5）に着く。展望は素晴らしい。芥屋の大門《おおと》をはじめとする海岸の景色、糸島半島の山々、脊《せ》振《ふり》山地、唐津湾方面の山や島など360度を見渡せる。ピーク②から10分ほどで**登山口B**

現地までの交通　JR筑肥線筑前前原駅から糸島市コミュニティバスに乗り、芥屋バス停で下車

出発地　芥屋海水浴場駐車場（山頂との標高差：200m）

参考タイム　駐車場▶10分▶登山口A▶40分▶立石山▶10分▶ピーク②▶10分▶登山口B▶35分▶駐車場

写真５：ピーク②

写真６：登山口Ｂ（左へ）

（写真６）に下り立つ。駐車スペースもある。左に行き、傾斜がゆるい舗装道を下る。自然を観察しながら心地よく歩ける。天神山溜池では背後に立石山の姿が見える。松原天神社を越し、交点①を左折すると、登山口Ｂから35分ぐらいで駐車場に帰り着く。

芥屋の大門の展望所まで足を運ぶこともできる。駐車場から交点②を北へ。遊覧船乗り場の先の分岐②から左へ入り、黒磯海岸の遊歩道を北進する。芥屋の大門の西側の岩肌（写真７）が段々間近になる。分岐③を左折し、自然林の山道を上っていくと、駐車場から20分ほどで展望所に着く。芥屋の大門の南側を眺めることができる。

分岐④に下り、海岸から芥屋の大門の東側の景観を観賞した後、舗装道を南西へ向かう。大《たい》祖《そ》神社、トイレと駐車場がある芥屋の大門公園の前を通り、展望所からおよそ25分で駐車場に戻ってくる。

写真７：芥屋の大門西側（黒磯海岸より）

遊覧船で芥屋の大門北側の洞窟内を見学できる。ただし例年12月頃から2月頃までは運休となる。

練習コース 2

叶岳

かのうだけ／福岡市西区／標高341m
歩行時間の目安：２時間10分

▲写真１：分岐①（左へ）
▼写真２：叶岳（鐘撞山山頂より）

今宿《いまじゅく》には七寺《ななでら》川を囲むように４つの山がある。その１つが叶岳で、「かのうがだけ」とも呼ばれる。

車で国道202号から今宿野外活動センターへ向かい、叶嶽《かのうだけ》神社駐車場にとめる。バスを利用する時は、市営地下鉄空港線 姪浜《めいのはま》駅またはＪＲ筑肥《ちくひ》線今宿駅からバスに乗り、叶嶽宮前で降りる。すぐそばの登山口Ａから上り始める。山頂との標高差は280ｍ。トイレもある。誘導標識は随所に置かれている。

低い鳥居をいくつもくぐり、階段を上る。分岐①（写真１）を左に行くと、登山口Ａから15分ほどで稲荷大明神に着く。北側が開けていて柑子岳《こうじだけ》、毘沙門山《びしゃもんやま》など糸島半島の山々や玄界島を一望できる。春はサクラ、ツツジの花、秋はイロハカエデの紅葉（写真３）を楽しめる。

分岐①に戻り、左に向かう。分岐②（写真４）は左の道をそのまま直進し、砂利状の道

写真3：稲荷大明神の紅葉

写真4：分岐②（左へ直進）

を上る。分岐③は右へ向かい、分岐④ではちょっと左へ入り不動岩（写真6）を観賞する。分岐④に戻り上っていくと、もうすぐ山頂だ。手前の展望適地から、福岡湾、宗像四《よっ》塚《つか》連峰、三郡《さんぐん》山地、福岡方面の市街地を見晴らすことができる（写真5）。

稲荷大明神から約50分で叶岳山頂に到着する。願い事が叶うことで有名な叶嶽神社が鎮座する。トイレもある。帰りは来た道を戻る。

引き返す途中、稲荷大明神から登山口Bにも下れる。歩行時間は変わらないが、人通りは少ない。

往復ではなく周回するなら、山頂から5分ほど南へ進むと分岐⑤（写真7）があるので右へ。野外活動センター方面へ下る。鉄塔作業用の階段を下っていくと、山頂から35分くらいで登山口Cに着く。舗装道のゆるい坂を北へ下る。今宿野外活動センターのトイレ、駐車場も利用できる。登山口Cから15分ほどで登山口Aに帰り着く。

距離は長くなるが、今宿駅から舗装道を、今宿の山々を目にしながら45分ほど歩くと登

写真5：福岡湾や三郡山地を望む（展望適地より）

写真7：分岐⑤（右へ下る）

写真6：不動岩

山口Aに行くことができる。また、今宿の4つの山を縦走することもできる。この場合、鐘撞山《かねつきやま》（314m）、高祖山《たかすやま》（416m）、羽《は》根《ね》戸《ど》山《やま》（419m、別名・高地山《こうちやま》）、叶岳の順に巡る方が歩きやすい。

稲荷大明神までの道は、夜でも気をつければ危なくないので、ここまで夜景を眺めに訪れることもできる。また、子連れの家族なら、山歩のついでに今宿野外活動センター内の草地の広場や、水深が浅い七寺川《ななでら》で水遊びするのもいいだろう。

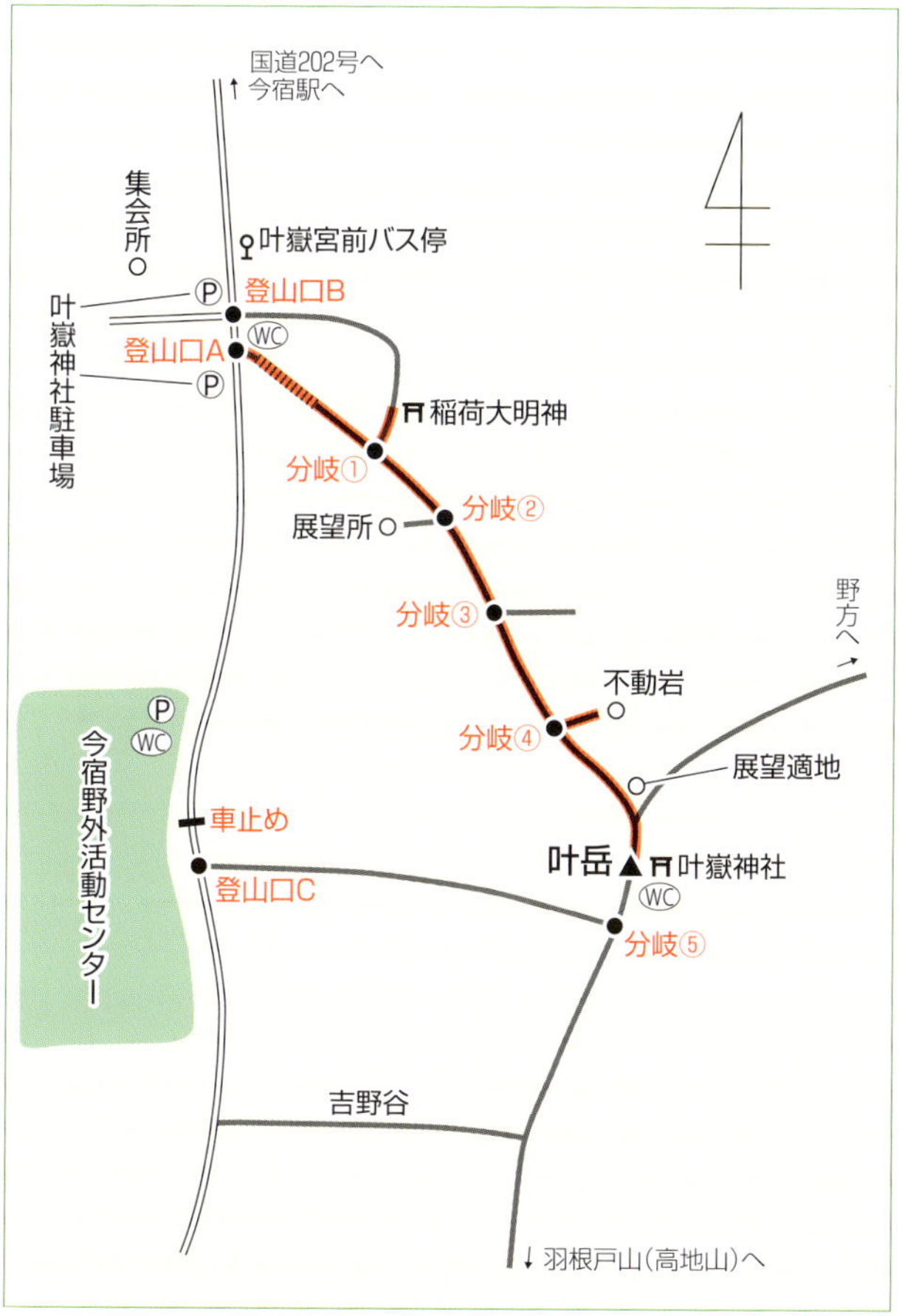

現地までの交通　車で国道202号から今宿野外活動センターへ向かい、叶嶽神社駐車場にとめる
出発地　登山口A（山頂との標高差：280m）
参考タイム　登山口A ▶15分▶ 稲荷大明神 ▶50分▶ 叶岳 ▶65分▶ 登山口A

練習コース 3

岩屋山

いわややま／太宰府市／標高281m
歩行時間の目安：２時間50分

▲写真１：分岐①（左へ）。正面は駐車場
▼写真２：岩屋山山頂

大宰府の防衛施設として大野城が築かれた大野山。その後、四天王を祀る四王院が建立されたことから、今は四王寺山《しおうじやま》と呼ばれている。四王寺山には4つの峰があり、その1つが岩屋山だ。

西鉄天神大牟田線都府楼前駅《とふろうまえ》で降りる。山頂との標高差は250m。ここから往復する。国道3号（福岡南バイパス）の高架をくぐり抜け、朱塗りの関屋橋を渡り右へ。すぐの歩道橋を渡り右へ進む。平坦な舗装された道を歩き、分岐①（写真1）は左へ。車の時は角の駐車場にとめて歩き始める。

左折するとすぐトイレがある。元号「令和」ゆかりの坂本八幡宮がある交点①は右へ。誘導標識がある分岐②を左折すると上り坂になる。まもなく太宰府市民の森の敷地内となり、入ってすぐにトイレがある。この先は、車両通行禁止となる。新緑と紅葉がきれいなメタセコイア群の間を通り、分岐③（写

写真４：登山口

写真３：分岐③（右へ）

真3）は右へ。すぐの交点②を左に行くと山道になり、都府楼前駅から55分ほどで登山口（写真4）に着く。

ややきつい坂に階段がつけられた道を蛇行しながら上っていく。途中、戦国武将の鏡として語り継がれる高橋紹運《じょううん》の墓がある。

四王寺林道との交点③（写真5）は林道を横切って直進し、すぐの分岐④を右へ向かうと岩屋山に到着する（写真2）。登山口から約30分。高橋紹運の岩屋城跡である。近くに宝満《ほうまん》山《ざん》、大根地山《おおねちやま》、砥上岳《とがみだけ》、遠くに古処山《こしょさん》、釈迦《しゃか》岳《だけ》、耳納《みのう》連山や糸島半島の山々、眼下に大宰

現地までの交通　西鉄天神大牟田線都府楼前駅で下車
出発地　都府楼前駅（山頂との標高差：250m）
参考タイム　都府楼前駅 ▶55分▶ 登山口 ▶30分▶ 岩屋山 ▶85分▶ 都府楼前駅

写真5：交点③（林道を横切って直進）

写真6：焼米ヶ原

府政庁跡を眺めることができる。

山頂からは来た道を引き返すが、黒く炭化した古代の米が発見されたことに由来する焼《やき》米《ごめ》ヶ《が》原《はら》まで遠くないので、足を延ばすのもいいだろう。分岐④に戻り、分岐⑤は右へ。林道を20分ほど上っていくと焼米ヶ原（写真6）に着く。トイレ、駐車場がある。広々とした草地で開放感がある。尾根道に見えるのは大野城跡の土塁で、長さは約8㎞に及ぶ。小高い所からの眺め（写真7）は絶景だ。ここからは林道を南へ下り、交点③からはもと来た道を戻る。

大宰府政庁跡の近くに天下三戒壇《かいだん》の1つ戒壇院と、日本最古の梵鐘《ぼんしょう》や仏像群で知られる観世音寺《かんぜおんじ》がある。太宰府市コミュニティバスを利用すれば、太宰府天満宮にも立ち寄れる。

都府楼前駅を発着点に大城山《おおきやま》（410m）、大原山《おおばるやま》（354m）、水瓶山《みずがめやま》（212m）、岩屋山の順に四王寺山の4山を周回することができる。もっと山歩したいなら、太宰府駅を出発し、4山と合わせて、山内にある石仏33体を巡るのもおもしろい。

写真7：古処山地（嘉穂アルプス）方面（焼米ヶ原より）

練習コース 4

在自山

あらじやま／福津市／標高249m
歩行時間の目安：２時間

▲写真１：寒緋桜と宮地岳
▼写真２：在自山（左）～宮地岳（右）の全景

ふもとに宮地嶽《みやじだけ》神社が座す宮地岳（180m）。その尾根続きの在自山の山頂間近の展望適地から、開放感溢れる眺めを満喫できる。

ＪＲ鹿児島本線福間《ふくま》駅から西鉄バスに乗り、宮地嶽神社前で降りる。在自山山頂との標高差は240m。トイレ、駐車場は近くにいくつかある。車の時はこの付近の駐車場にとめて歩き始める。

すぐ近くの「宮地嶽神社前」交差点から参道に入る。参道では名物の松《まつ》ケ《が》枝餅《えもち》が販売されている。石段を上り詰め、後ろを振り向くと宮地浜の先に相島《あいのしま》が見える。毎年2月と10月の数日間、「光の道」が姿を現す。

社殿の背後に宮地岳が見える。この神社の大しめ縄、大太鼓、大鈴は日本一を誇り、境内の寒緋桜《かんひざくら》（写真１）は開運桜と呼ばれている。奥之宮の不動神社を過ぎると、まもなく登山口Aに着く。バス停から15分ほど。

沿道にツツジ、サクラ、カエデなどが植栽

写真3：交点①を右折した状況

写真4：登山口Bを左折した状況

された坂を上る。やがてヒノキ林の山道に変わり、ゆるい坂を道なりに上る。交点①は右へ（写真3）。数分で宮地岳に着く。宮地嶽神社の古宮跡がある。登山口Aから20分ほど。

　交点①に戻り北へ向かう。坂を下って上り返すと、宮地岳から20分ぐらいで展望適地に着く。脊振山地と糸島半島の山々、福岡方面の島々、そして何といっても、新宮町の磯崎《いそざき》鼻《はな》から福津市の津屋崎《つやざき》海水浴場までの約11㎞にわたる弓なりの海岸線を一望できる（写真5）。

　展望適地から約5分で在自山に到着する。マテバシイ、ヤブツバキなどが群生し、自然度は高い。津屋崎漁港、大峰山方面の景色が望める。ここから来た道を引き返す。

　周回ルートも紹介しておこう。金刀比羅神社古宮跡のすぐ先の分岐①を右へ下り、登山口B（写真4）は左へ。在自山から30分ほどで金刀比羅《こんぴら》神社に着く。トイレ、駐車場がある。参道の石段を下り交点②（写真6）は左へ。この先は平坦な舗装道となる。交点③

写真5：新宮から津屋崎の海岸線（展望適地より）

写真7：交点③（右へ）

写真6：鳥居をくぐり交点②を左へ

（写真7）を右、交点④は左に進む。左（東）に目を向けると、今歩いてきた宮地岳から在自山までの全景（写真2）を眺めることができる。「的岡《まとおか》」交差点は左へ。金刀比羅神社からおよそ35分で宮地嶽神社前バス停に帰り着く。

福間駅から歩く時は、「大和町」交差点から県道502号を北へ向かう。宮地嶽神社前バス停まで約30分。

宮地嶽神社では奥之宮八社巡りもできる。また、近くの宮地浜の海岸には飲食店も多い。

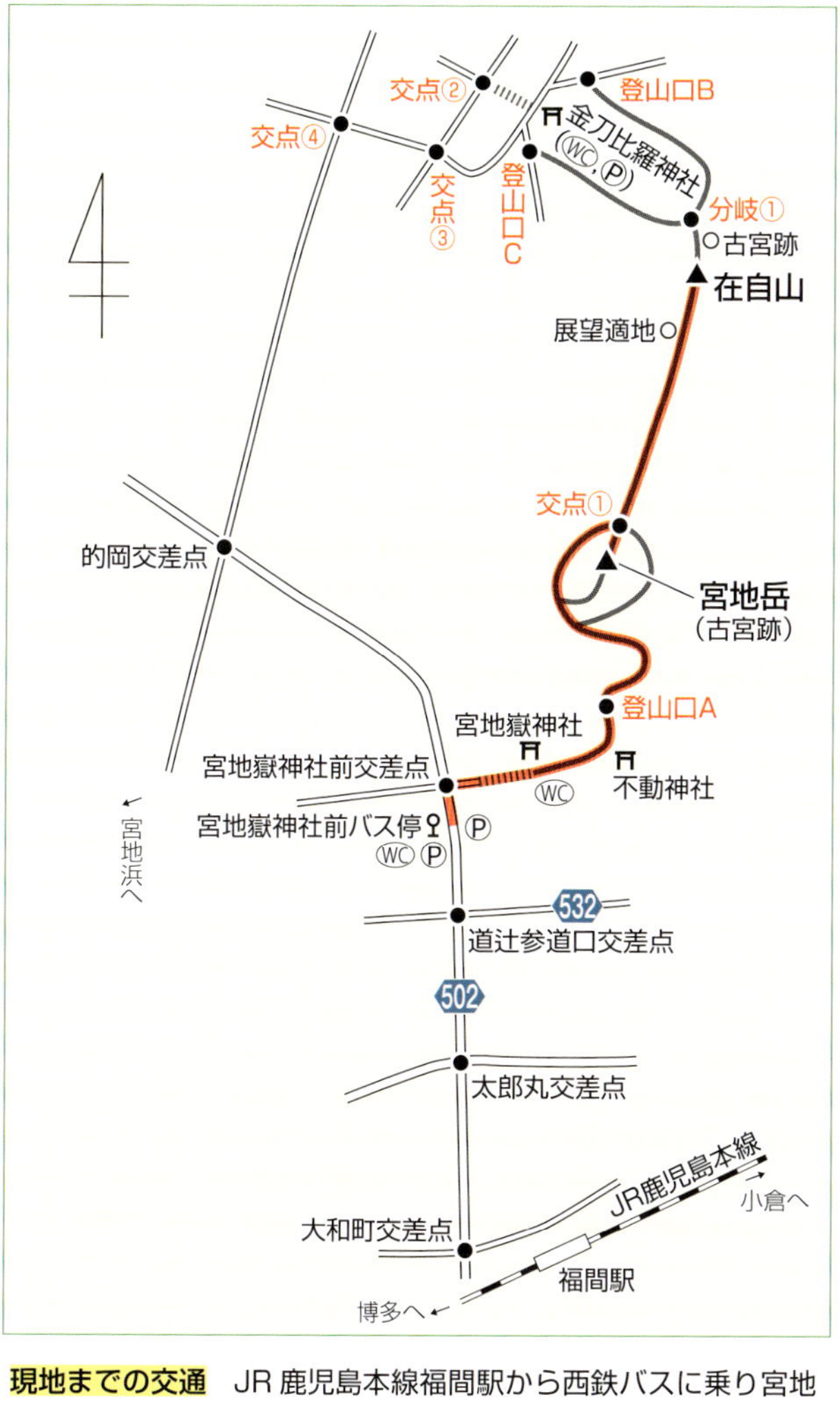

現地までの交通　JR鹿児島本線福間駅から西鉄バスに乗り宮地嶽神社前で下車

出発地　宮地嶽神社前バス停（山頂との標高差：240m）

参考タイム　宮地嶽神社前バス停 ▶ 15分 ▶ 登山口A ▶ 20分 ▶ 宮地岳 ▶ 20分 ▶ 展望適地 ▶ 5分 ▶ 在自山 ▶ 60分 ▶ 宮地嶽神社前バス停

▲写真１：分岐①（右へ）
▼写真２：正面奥は大島、右は孔大寺山（城山山頂より）

練習コース 5

城山

じょうやま／宗像市、遠賀郡岡垣町
標高369m／歩行時間の目安：２時間20分

福岡県で城山と呼ばれる山はいくつもあるが、その代表格といっても過言ではないのが、宗像四塚《よつづか》連峰の城山だ。

ＪＲ鹿児島本線**教育大前駅**、またはすぐそばの西鉄**赤間営業所バス停**から歩き始める。山頂との標高差は３４０ｍ。北側に目を転じると城山が間近に見えている。

県道69号を福岡方面へ向かい、「赤間西」交差点のすぐ先の**分岐①**（写真１）を右へ。この先、随所に誘導標識が取り付けられている。舗装された道を上っていくと、25分ほどで**登山口Ａ**（教育大側）に着く（写真３）。トイレ、駐車場、水汲み場がある。車の時はここ、もしくは、この付近の駐車スペースに駐車する。いきなりきつい坂だが、そう長くはないのであせらずに、踏みしめながら上る。

分岐②まで来ると傾斜がゆるむ。右よりも左の道の方が歩きやすいので左へ進む。**分岐③**（写真４）は右に上がる。割と大きな樹木

現地までの交通　JR鹿児島本線教育大前駅で下車

出発地　教育大前駅（山頂との標高差：340m）

参考タイム　教育大前駅 ▶ 25分 ▶ 登山口A（教育大側）▶ 45分 ▶ 城山 ▶ 70分 ▶ 教育大前駅

写真3：登山口A

写真4：分岐③（右へ）

を見かけるようになる。正面が明るくなってきたら城山に到着する。登山口Aから45分ほど。蔦《つた》ケ《が》嶽《だけ》城という山城の跡でもあり、山頂は平坦で広く、景色案内板、ベンチ、登頂記帳小屋などがある。展望もよく（写真2）、宗像の大島、宗像四塚連峰の湯川山《ゆがわやま》（471m）、孔大寺山《こだいしやま》（499m）、金山（南岳：320m）の3山、三里《さんり》松原から若松半島の石《いし》峰山《みねやま》（302m）まで眺めることができる。

山頂からは来た道を戻る。

写真５：交点①（左へ）

写真６：ウスキヌガサタケ

往復せずに周回することもできる。分岐③まで引き返し右へ下る。こちらの道は人の通りが少ない。樹皮に特徴のあるカラスザンショウの大木などが目にとまる。左に大きく曲がると、ヒノキ林になる。山道が赤土に変わり、やがて山頂から約50分で登山口Ｂ（三郎丸側）に下り立つ。ここから先は舗装道になる。

左に行き、尾降《おさがり》神社を過ぎると、まもなく交点①（写真5）に着く。左へ折れ、県道75号を南東へ進む。左手（北東）に城山の姿（写真7）を見ながら歩く。「赤間西」交差点に戻り、ほどなく教育大前駅に辿り着く。登山口Ｂからおよそ30分。

季節を変えて訪れると、春の野草の花、初夏のホトトギスの鳴き声、秋のウスキヌガサタケ（写真6）の姿や、羽根つきの玉に用いられるムクロジの実など色々なものに出会える。大型キツツキのアオゲラの鳴き声はよく耳にするが、姿を見られたら運がいい。教育大前駅のそばに唐津街道の赤間《あかま》宿があるので立ち寄ることもできる。

写真７：城山全景（県道75号より）

練習コース 6

大平山

おおひらやま／朝倉市／標高315m
歩行時間の目安：２時間40分

▲写真１：分岐①（左へ）
▼写真２：大平山山頂

大平山は、市民の憩いの場になっている甘《あま》木《ぎ》公園の裏手にある。山頂から山並みと広大な平野が織りなす景色を堪能できる。

ＪＲ鹿児島本線二日市《ふつかいち》駅または西鉄天神大牟田線朝倉街道駅から西鉄バスに乗り、甘木営業所で降りる。山頂との標高差は２７０ｍ。舗装道を北東へ向かい、交差点を直進し、甘木中学校の入口がある分岐①（写真１）は左へ。

バス停から10分ほどで甘木公園の駐車場に着く。トイレもある。車の時は、県道１１２号の「旭町《あさひまち》」交差点から入り、ここに駐車して歩き始める。

噴水がある、ひょうたんの形をした丸山池の右沿いを歩く。多くのサクラが植栽され、名所になっている。まもなくトイレ、広場がある登山口に着く。駐車場から10分弱。ここから歩行者専用の上り坂となり、大平山への誘導標識が要所に取り付けられている。

写真３：分岐②（左へ）

写真４：分岐③（左へ）

上っていくと広場があり、ここにもサクラがある。これから先は木陰の山道。最初の分岐②（写真3）は左へ行く。コナラ、ネジキなどの自然木やシダ類が目にとまる。分岐③（写真4）も左へ。雑木林からヒノキ林に変わる。持丸へ行く道との分岐④（写真6）は右へ上る。春はフデリンドウの花が群生する。遊歩道との分岐⑤を左に少し上ると、登山口から60分ほどで大平山に到着する（写真2）。

周辺にはサクラ、カエデ、ドウダンツツジやアジサイ、スイセンなどが植えられていて、四季折々の花や紅葉を楽しめる。見晴らしがよく、福岡県最高峰の釈迦岳《しゃかだけ》、長崎の雲《うん》仙岳《ぜんだけ》をはじめとする山々を眺めることができる。一番の特色は、長く横たわる耳納《みのう》連山と筑後平野（写真5）を一望できることだ。山頂からは上ってきた道を引き返す。

近くに安見ヶ城山《やすみがじょうやま》（３００ｍ）があるので、そこまで足を延ばすのもいいだろう。大平山から東へ下ると藤棚があり、4月頃に花を咲かせる。交点①は直進し、道なりに下り上りを数回繰り返す。分岐⑥を右へ数分上ると、クヌギの木が目立つ安見ヶ城山（写真7）に着く。大平山から25分ほど。大平山を間近

写真５：耳納連山と筑後平野（大平山山頂より）

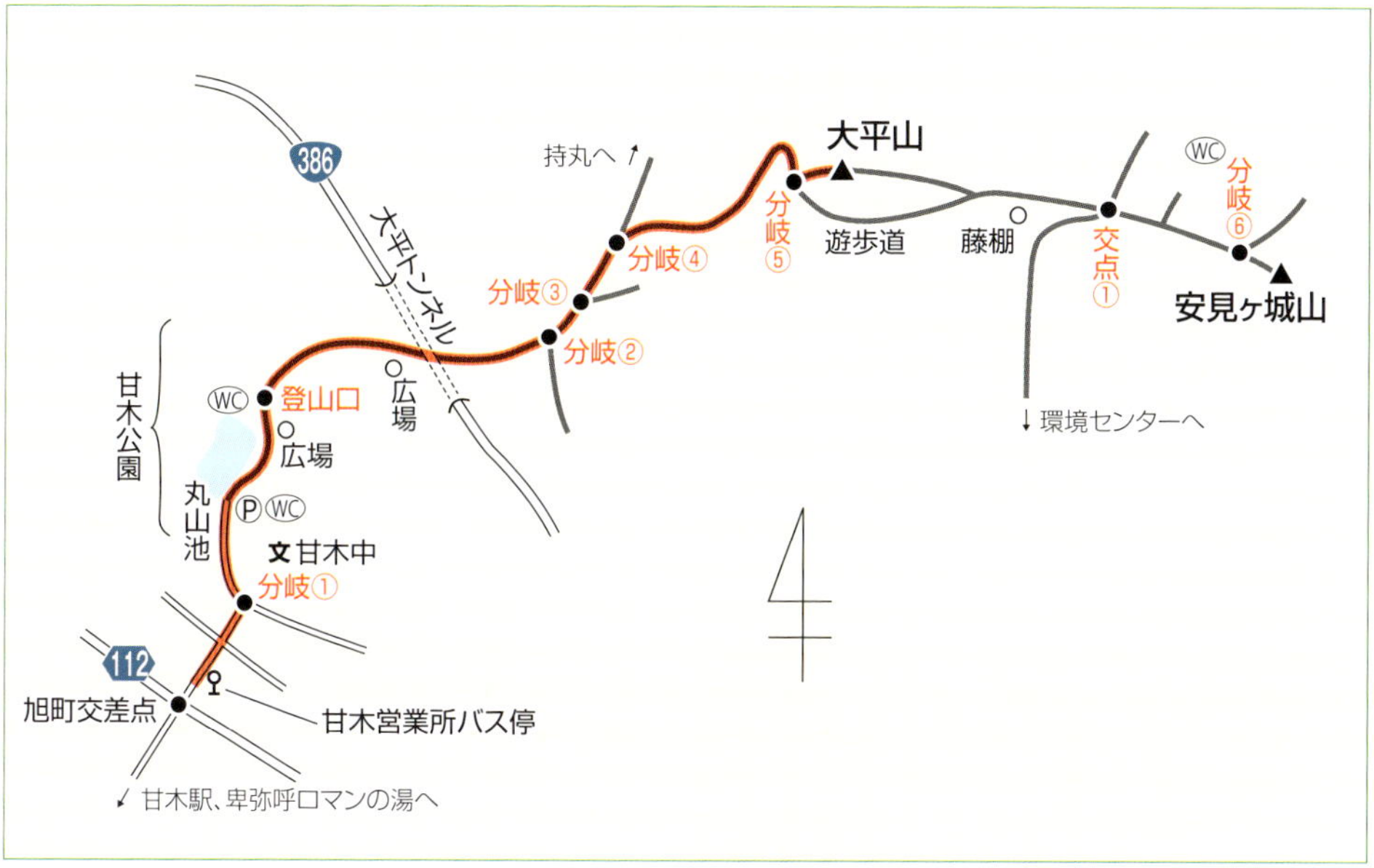

に見ることができる。ここからもと来た道をバス停まで戻る。

西鉄甘木線甘木駅から歩き始めることもできる。甘木営業所バス停まで20分ほど。車で訪れる場合、サクラの花見シーズンは駐車場が満車になることがあるので注意を。天然温泉「卑弥呼ロマンの湯」にも立ち寄れる。甘木営業所バス停から徒歩約10分。

現地までの交通　JR 鹿児島本線二日市駅または西鉄天神大牟田線朝倉街道駅から西鉄バスに乗り、甘木営業所で下車

出発地　甘木営業所バス停（山頂との標高差：270m）

参考タイム　甘木営業所バス停 ▶ 10分 ▶ 甘木公園駐車場 ▶ 10分 ▶ 登山口 ▶ 60分 ▶ 大平山 ▶ 80分 ▶ 甘木営業所バス停

写真6：分岐④（右へ）

写真7：安見ヶ城山山頂

練習コース 7

白馬山

はくばさん／嘉麻市、田川市／標高261m
歩行時間の目安：１時間55分

白馬山の南西斜面には原生林が残り、天然記念物の大樹を見ることができる。ふもとには県内有数のウメの名所もある。

ＪＲ福北ゆたか線新飯塚駅から西鉄バスに乗車し、下山田小学校バス停で降りる。山頂との標高差は２３０ｍ。飯塚方面へ少し引き返し、分岐①（写真１）を右へ。鬼子母《きしぼ》神堂《じんどう》の方へ向かう。この先、随所に誘導標識がある。矢の浦池が現れ、池の奥に原生林に包まれた白馬山の姿を仰げる。屋外トイレが利用できる老人ホームを過ぎると舗装道が終わり、山道の上り坂になる。鬼子母神堂を越し、天慎寺《てんしんじ》へ向かう道との分岐②は左へ。きつい坂を少し上り、Ｔ字路の分岐③（写真２）は右へ行く。右折直後にある鴨ケ岳《かもがたけ》へ向かう道との分岐④をそのまま直進すると、バス停から50分ほどで麻畠展望台（２５７ｍ）に着く。今回唯一展望できる所で、英彦山《ひこさん》方面

写真１：分岐①（右へ）

写真２：分岐③（右へ）

見所満載の周回コース

写真３：英彦山方面の展望（麻畠展望台より）

写真４：法華経ヶ峰

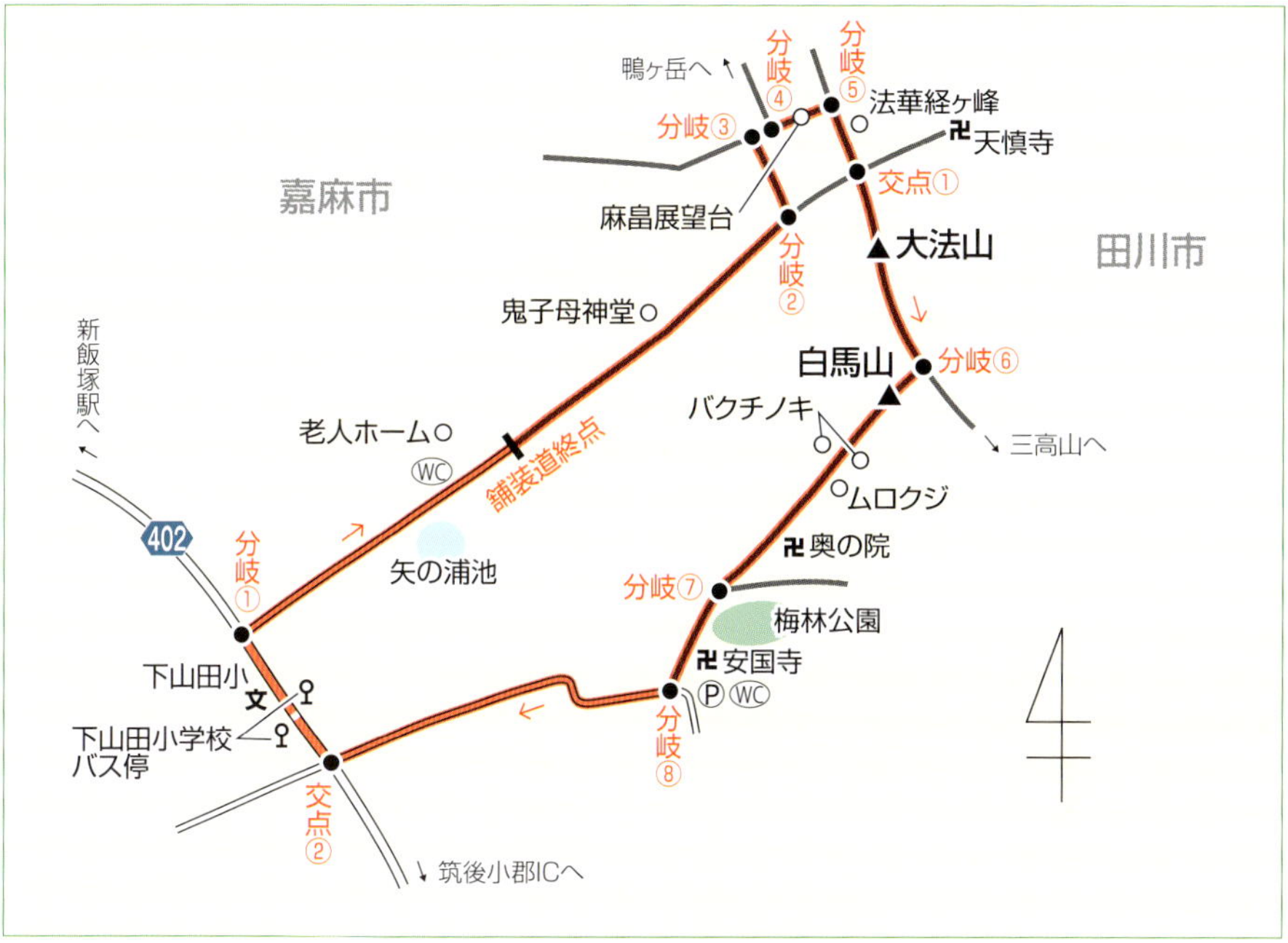

現地までの交通　JR 福北ゆたか線新飯塚駅から西鉄バスに乗り、下山田小学校で下車

出発地　下山田小学校バス停（山頂との標高差：230m）

参考タイム　下山田小学校バス停 ▶ 50分 ▶ 麻畠展望台 ▶ 10分 ▶ 大法山 ▶ 10分 ▶ 白馬山 ▶ 30分 ▶ 梅林公園入口 ▶ 15分 ▶ 下山田小学校バス停

写真５：交点①（直進）

写真６：白馬山山頂

（写真3）、三郡《さんぐん》山地、福智《ふくち》山地、眼下に市街地などを望める。

北東へ下り、すぐの分岐⑤は右へ。岩が積み重なった法華経《ほけきょう》ヶ峰《がみね》（写真4）を通り抜け、天慎寺へ向かう道との交点①（写真5）を直進すると、展望台から10分ぐらいで大法山《たいほうざん》（232ｍ）に着く。ゆるい坂の下り上りを繰り返す。南西の嘉《か》麻《ま》市側にはシイノキ、アカガシなどの自然木を目にする。三高山《さんたかやま》に向かう道との

写真７：バクチノキ（２本のうちの１本）

写真８：安国寺奥の院

分岐⑥を右へ少し上がると、大法山から約10分で白馬山（写真6）に到着する。

山頂から南西へきつい坂を下る。やがて赤銅色をした県天然記念物のバクチノキ（写真7）が2本、さらに少し下った所に嘉麻市の天然記念物のムクロジもある。これ以外にも、ヤブツバキ、カゴノキなどの大木を見ることができる。安国寺の奥の院（写真8）の岩窟を過ぎ、分岐⑦を右へ進む。まもなく「筑前山田梅林公園」の石碑が立つ梅林公園入口（写真9）に到着する。白馬山から30分ほど。トイレもある。

足利尊氏《たかうじ》・直義《ただよし》ゆかりの安国寺の駐車場を斜めに通り抜け、分岐⑧は右へ。舗装道を下り、交点②（写真10）を右折すると、梅林公園入口から約15分で下山田小学校バス停に戻ってくる。

車の時は安国寺の駐車場にとめて周回する。駐車場まで新飯塚駅から30分、大分自動車道筑後小郡《おごおり》ICから60分ほど。

梅林公園のウメは2月中旬〜3月中旬頃に開花する。花見シーズンだけ茶店なども開店する。開花状況は嘉麻市役所に事前に問い合わせて確認しておくと無難。天慎寺の境内で休憩をとるのもいいだろう。交点①から片道10分弱。

写真９：筑前山田梅林公園入口

写真10：交点②（右へ）

練習コース　8

小文字山

こもんじやま／北九州市小倉北区
標高366m／歩行時間の目安：２時間30分

▲写真１：分岐①を右折直後
▼写真２：小文字山山頂

北九州の夏の風物詩「小文字焼き」で知られる小文字山。山道は豊かな森に囲まれ、開けた山頂からの眺めは抜群だ。

小倉駅バスセンターから西鉄バスに乗車し、黒原《くろばる》一丁目バス停で降りる。バス便は多い。山頂との標高差は350m。「忠霊鎮護之地」の石碑が立つ「黒原」交差点から、平坦な舗装道を東へ向かう。トイレがある平和公園から上り坂となる。分岐①は「妙見宮《みょうけんぐう》」への誘導標識に従い右へ（写真1）。分岐②を左折すると、バス停から15分ほどで足立山妙見宮の入口に着く。トイレ、駐車場がある。車で来る時はここにとめる。小倉駅または九州自動車道小倉東ICから約10分。

ゆるい坂を上って下り、小さな橋を渡ると交点①（写真3）がある。右に向かい、「森のプロムナード」と名づけられた道の方へ進む。この辺りから「森林浴の森日本百選」に選ばれた足立公園となる。散策するための分

写真３：交点①（右へ）

写真４：登山口A（右へ上る）

岐や交点が出てくるが、道なりに歩く。交点②は直進する。途中、上りやすい登山口もあるが、位置がわかりづらく、人通りも少ないのでそのまま進む。やがて妙見宮から35分ほどで登山口A（写真4）に着く。

右へ向かい、ややきつい坂を上る。分岐③は右へ。小文字山への標識に気をつけながら上る。分岐④はそのまま直進し、最後にきつい坂を少し上り詰めると小文字山に到着する（写真2）。登山口Aから25分ほど。山頂から香春岳《かわらだけ》、福智《ふくち》山地、宗像四塚《よつづか》連峰、石峰山《いしみねやま》、藍島《あいのしま》など北九州の島々、関門橋、眼前に妙見山、砲台山と北九州の都心部など360度を見渡せる（写真5）。山頂からはもと来た道を引き返す。

途中から周回して帰ることもできる。分岐③（写真6）を右へ向かい、きつい坂を下ると、山頂から30分ほどで登山口Bに下りてくる。駐車場がある。少し離れた所にトイレもある。

「こもれびの小径」と呼ばれる山道に入り、右（西）に舗装道を見ながら歩く。分岐がいくつも出てくるが、道なりにほぼ直進する。交点③（写真7）もそのまま土道を南へ

写真５：皿倉山（左）、石峰山（右）と北九州市街
（小文字山山頂より）

写真6：分岐③（周回する場合は右の道を直進）

写真7：交点③（山道を進む）

行く。途中、短い橋をいくつか渡る。やがて登山口Bから25分ほどで交点①に戻ってくる。ここからは同じ道を歩いてバス停へ向かう。

登山口Bの近くに五百羅漢、メモリアルクロス（朝鮮戦争で戦死した将兵を慰霊する高さ約20mの十字架）があり、立ち寄ることができる。バス停から黒原階段を上り、妙見宮に行くこともできる。上る途中に振り返ると眺望が楽しめる。なお、バスの経路によりバス停が異なるので注意を。

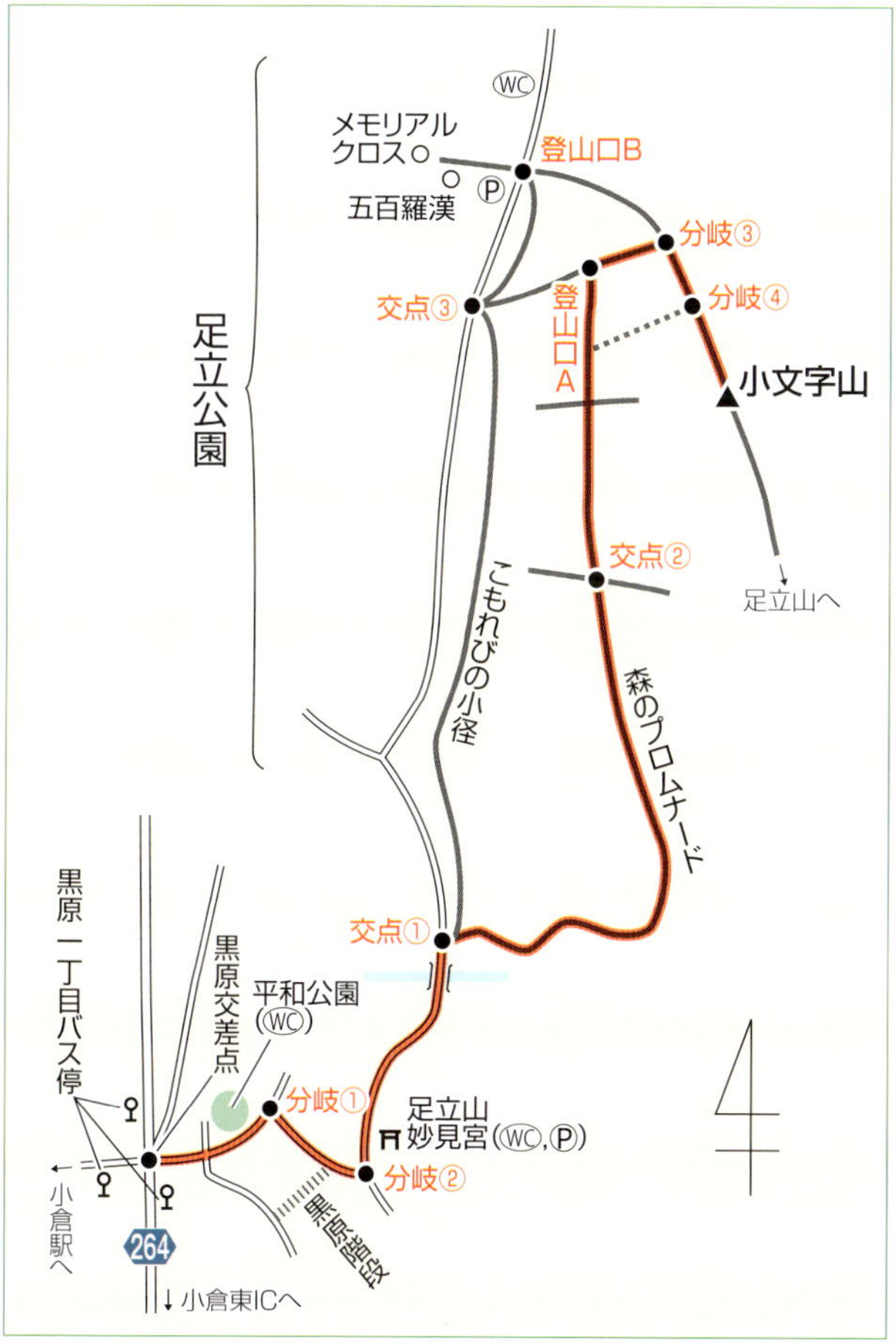

現地までの交通　小倉駅バスセンターから西鉄バスに乗り、黒原一丁目で下車

出発地　黒原一丁目バス停（山頂との標高差：350m）

参考タイム　黒原一丁目バス停 ▶ 15分 ▶ 妙見宮 ▶ 35分 ▶ 登山口A ▶ 25分 ▶ 小文字山 ▶ 75分 ▶ 黒原一丁目バス停

谷　正之（たに・まさゆき）　ニックネーム：じゃんぼ
福岡県生まれ、福岡大学卒。野外教育家、自然案内人、体育学士。1979年より、生涯教育としての体験活動の実践と研究を続ける。現在、体験活動協会FEA理事長。
［著書］『福岡県の低山歩き』上・下、『ぶらり超低山散歩』福岡近郊編・北九州近郊編、『福岡よくばり散歩』（以上海鳥社）など

体験活動協会 FEA
2001年３月設立。福岡県を中心とする北部九州で、主に野外活動のプログラムを展開中。幅広い年齢層を対象に、主催事業だけで年間250日以上開催している。
［主な事業］子ども創意工夫塾、シーズンキャンプ、親子自然体験、福岡低山歩き教室、障がい児者体験学校、各種技術講習など（詳細は「体験活動協会」で検索の上ホームページを参照）
〒814－0022　福岡市早良区原1－37－21－101
URL　http://fea.fukuoka.jp/
Eメール　info@fea.fukuoka.jp

協　　力　［団体］体験活動協会 FEA ／ FEA 体験活動研究所／ FEA 社会人リーダー会／ FEA 福岡学生リーダー会／ FEA 福岡低山歩き教室
［個人］井上美恵子／大庭由美子／城戸貴史／城戸玲菜／清中いずみ／末次淳平／宮田賢／宮田淳子（50音順）

イラスト　れん（教諭）

参考（三角巾）　小森栄一『新版 100万人の救急法』（技術書院、1969年）

福岡《ふくおか》で始《はじ》める　おとなの山歩《さんぽ》入門《にゅうもん》

■

2025年１月10日　第１刷発行

■

著　者　谷　正之
発行者　杉本雅子
発行所　有限会社海鳥社
〒812－0023　福岡市博多区奈良屋町13番４号
電話092（272）0120　FAX092（272）0121
印刷・製本　大村印刷株式会社
ISBN978-4-86656-173-8
http://www.kaichosha-f.co.jp
［定価は表紙カバーに表示］